岡本梨奈の

1冊読むだけで 古文単語&古文常識が 面白いほど身につく本

オンライン予備校「スタディサプリ」講師

岡本 梨奈

＊この本には「赤色チェックシート」がついています。

はじめに

古文単語帳は、既にたくさんあります。品詞ごとに出題頻度や重要度などの順でまとめているものや、見出しに原文や例文を使用して文の流れの中で意味をつかみながら学べるようにしているもの、イラストやゴロに特化して覚えやすくしているものなど、それぞれの古文単語帳に、様々なすばらしい工夫が凝らされています。

ただ、私が単語を覚えるときには、

- **「漢字で覚えておけばおトク！」**と思う単語（「貴なり」＝高貴だ）
- **「ちょっと文字を変えたり追加したりすればカンタン！」**と思う単語（「おろかなり」＝おろそか）
- **「プラスとマイナスの両方の意味がある！」**と意識していた単語（「ゆゆし」＝❶不吉だ ❷すばらしい）
- **「現代とは意味がまったく違うから気をつけよう！」**と意識していた単語（やがて＝すぐに）

など、**グループに分けて頭の中で整理していました。**出題頻度や品詞で整理するよりも、そのほうが私には覚えやすいと思っていたからです。私にとっては、**「重要単語は、どう考えれば覚えやすくなるか」**のほうが重要でした。ですから、自分が古文単語帳を出すならば**「覚えやすさでまとめられているもの」**を、とずっと思っていたのですが、この本でそれが実現できました。

この本の「第1・2章」では、古文単語を、**私が独自に整理したグループ**と、**「昔」と「今」の対比で覚えるグループ**に分けています。さらには、**単語レベルで覚える必要がある**「敬語の本動詞」も、「第3章」に見出し語として掲載しています。

「章」はさらに「節」に細分化されています。グループによっては単語数が少ないものもあり、各「節」にページ数のばらつきがありますが、ページ数をそろえることよりも、**「どうすれば最も覚えやすいのか」を優先しています。**

原義を理解していると文章中で応用が利くことが多いので、知っておくと理解しやすいと思われるものは、なるべく解説してあります。イラストやゴロを使うと効果的な単語には、イラスト・ゴロを載せました。

この本の特長は、ほかにもあります。それは、**見出し語を含む「現代語」の例文で覚えられる**よう、巻末に「見出し語の例文リスト」を載せている点です。私は、高校生の頃、単語帳の例文を読んでも、見出し語の単語以外が理解できていないうちは、何が書いてあるのかよくわからず、例文を読むのが苦痛でした（私の場合、おもに英語がそうだったのですが、古文が苦手な人にとっては古文も同じだと思います）。一般的に、「単語は文章中で理解できなければ意味がないので、例文が大切」とよくいわれます。私も、そのことに異議を唱えるつもりはありません。特に、多義語は文章中で意味を確定するので、例文での確認が大切です。だからこそ、初心者でも安心して、まず単語と向き合えるような例文にしたいと考えました。

なお、「第4章」では、「文学史」を含む「古文常識」を取り上げています。

このように、この本は、一冊で**〝暗記系〟の内容がしっかり身につく**ぜいたくな構成です。「単語」のためだけに「単語」を学習する人はいません。この本をきっかけとして、実際の文章にたくさん触れ、読解のための基礎を固めてください。

最後になりましたが、デビュー作からずっとお世話になっている㈱KADOKAWAの山川徹様、今回も支え続けてくださり、感謝いたします。今回もまたすばらしいカバーイラストを描いてくださった上条衿先生、本文デザインを担当してくださった熊アートの方、本文中のすてきなイラストを描いてくださったユニバーサル・パブリシング㈱の吉毛利綾乃様、感謝感激です。編集してくださった同社の清末浩平様、組版を担当してくださった同社の小野瑞香様、大変な作業をありがとうございました。この本に関係してくださった皆々様に心より感謝申し上げます。そして、たくさんの古文単語帳の中からこの本を手に取ってくださった皆様に、最大限感謝いたします。

岡本（おかもと）　梨奈（りな）

もくじ

岡本梨奈の　1冊読むだけで古文単語&古文常識が面白いほど身につく本

第3章 敬語

第4章 古文常識

この本の特長

この本ってどんな本?

この本は、リクルート運営のオンライン予備校「スタディサプリ」で古文・漢文の全講座を担当する岡本梨奈先生が執筆した参考書です。この本のテーマは、これまで当社からの岡本先生の著書にはなかった〝暗記系〟。この本で古文学習の基本となる「単語」「古文常識」「文学史」を勉強すれば、「文法」「読解」の対策にスンナリつながります。

＊設問は収録されていません。

この本のねらい

▼「〝暗記系〟の内容は、どのようなやり方をとれば覚えやすくなるのか」「大学入試では、〝暗記系〟の何が出るのか・どう出るのか」という観点にもとづき、古文学習に必要な知識を徹底的に固めます。

▼「第1章」〜「第3章」で古文単語、「第4章」で古文常識と文学史を扱います。「章」はさらに「節」に分かれ、「節」によってはさらに細目を含む場合もあります。

▼暗記するべき事項、**重要事項と重要な派生語**、文法事項、単語の一部などというふうに、書体を変えてわかりやすくしています。

＊古語単語の振り仮名や送り仮名は、歴史的仮名遣いで表記しています。

＊現代仮名遣いでの読み方は、見出し語の右にカタカナの添字(そえじ)として入れています。

＊以下、8ページからの「各『章』『節』について」も併(あわ)せてご覧ください。

「第1章」〜「第3章」の構成

▼ここで扱う古文単語は、見出し語レベルで約300語です。見出し語には、以下の考え方にもとづいて3段階の頻度が付与されています。

- A⬇入試頻出の超重要語
- B⬇入試でよく問われる重要語
- C⬇発展的ではあるが、難関・上位校対策として知っておくべき語

▼見出し語の直下には、見出し語の品詞名が表示されています。

- 名⬇名詞／●動⬇動詞／●形⬇形容詞
- 形動⬇形容動詞／●副⬇副詞／●連体⬇連体詞

●感動➡感動詞／●連語➡連語・慣用句　など

▼岡本先生の授業と同じ、明るく楽しいノリで単語の解説が進みます。視覚的な理解が必要な単語は、イラストつきで説明しています。ひと言コメントとして、イメージでは基本語義を、覚えにくい単語にはなんちゃってゴロを載せています。

▼関連、同義、対義のアイコンで見出し語以外の派生語の情報も取り上げています。

▼「第3章」では、文法事項として扱われることが多い「敬語」をあらためて取り上げています。

「第4章」の構成

▼「第13節」～「第19節」では、作品の理解を深めるために知っておく必要がある古文常識を、「入試に出るポイントはどこか」という観点から体系的にまとめています。学習者の中にはこの内容を飛ばしてしまう人が多いのですが、大学のレベルを問わず広く出題されているので、必ず目を通しておきましょう。

▼「第20節」では、有名作品の入試出題ポイントをジャンル別・時系列順にリスト形式でまとめています。

「見出し語の例文リスト」の構成

▼「単語帳に載っている例文の、見出し語以外の単語の意味がわからない！」という、岡本先生が受験生時代に味わった苦い体験にもとづき、古文ではない現代語の文章に、見出し語をミックスした例文を、リスト形式で巻末にまとめています。多義語の意味を確定する練習にも使えます。

この本の想定読者

▼学校で古文をほとんど習っていない人、あるいは、これまでまじめに取り組んでこなかったけれども勉強せざるをえなくなった人

▼定期テスト、共通テスト、私立大入試・国公立大2次などの試験対策が必要で、古文単語の学習をこれから始める人

▼古文常識・文学史の学習を一気に仕上げたい人

▼勉強していて、教科書や参考書に出てきた古文中に含まれる単語の意味がわからなかったので辞書で調べたが、わかったようでわからずモヤモヤしている人

各「章」「節」について

第1章　グループに分けて覚える古文単語

▼「どうすれば覚えやすくなるか」は、単語によって違います。たとえば、**漢字で即答できるもの**、**漢字からイメージできるもの**、「みそかに」⬇「ひそかに」のように**1文字変更すればOKというもの**、**文法から攻めるもの**、**➕と➖の両方の意味があることを意識するもの**などです。同音異義語や同義語、対義語などはセットにして覚えるとラクですよ。

第1節　漢字⬇イメージで覚える単語《38語》

▼古文単語の中には、漢字が思い浮かんだならばその漢字から**イメージを膨**(ふく)**らませると意味がわかりやすくなる単語**がいくつかあります。この「節」では、それらの単語をまとめました。

第2節　漢字で一発でわかる単語《23語》

▼「第1節」では漢字からイメージを膨らませて覚えるべき単語を扱いましたが、ここでは、単語内に含まれる漢字で「瞬殺(しゅんさつ)」できる単語をご紹介します！

第3節　1文字変更もしくは追加して覚える単語《7語》

▼「みそか」の意味は、「ひそか」と1文字変えたらよいだけです⬇p.36。これと同じように、**1文字変えたり加えたりすると訳がわかる単語を7個ご紹介！**

＊「みそかなり」は、漢字で「密かなり」。「みそかなり」は、漢字でも音でもどちらで覚えてもＯＫ！

第4節　文法とからめて覚える単語《16語》

▼四段活用と下二段活用の2種類を持つ動詞は、それぞれ訳し方が違います。これらを正しく訳すためには、文法の理解が必要です。上代の助動詞「ふ」「ゆ」を用いた単語は、それらの助動詞の意味を理解して考えると、とても覚えやすくなります。このように、**文法とからめて覚えるとよい単語**をご紹介します。

第5節　セットで覚える単語《81語》

▼たとえば、「さうなし」という単語には、「双無し」と「左右無し」の別の2語があります⬇p.56。**漢字と意味を一緒に、セットで覚えるとよい**のです。同義語や対義

語も、**まとめて一緒に覚える**ほうが、単独で覚えるよりも断然おトクです。他に、「出家」「病気」「死」などを表す語も、まとめて覚えるべきです。この「節」では、セットでおトクに覚えていきましょう！

第6節　＋と－の両方の意味がある単語《11語》

▼「第1節」に出てきた「さかし」という単語は、漢字では「**賢し**」で、「かしこい、すぐれている、しっかりしている」などという**＋の意味**と、「利口ぶる、こざかしい」という**－の意味**を持ちます p.20。それと同じように＋と－の両方の意味を持つ単語を学びます。

第2章　「昔」と「今」の対比で覚える古文単語

▼たとえば、「夢かうつつか幻か」の「うつつ」（＝現実）p.24 は古文単語ですが、現在でも使いますよね。このように、「昔」も「今」も同じ意味で用いられている単語はたくさんあります。ですが、中には同じ単語なのに「**昔**」と「**今**」では**意味が全然違う単語**（古今異義語）や、**今はもう用いられていない単語**（古文特有語）もあります。この「章」では、そのような「昔」と「今」の対比で覚えるとよい単語を学習しましょう！

第7節　古今異義語《50語》

▼「古今異義語」とは、現代語にも同じ単語はあるけれど、**古文では意味が全く違う単語**です。現代語と同じ意味もある場合にはいちおうそれも載せておきますが、わざわざ意識して覚える必要はありませんよ（違和感を覚えず、スラッと読めたなら「同じ」です）。重要なのは**現代とは違う意味のほう**です！

＊この「節」まで学習した単語の中にも「古今異義語」はありますが、既出のものは省きます。

第8節　古文特有語《47語》

▼「古文特有語」とは、**現代語にはなく古文だけに使われる単語**であり、言うまでもなく入試頻出です。たとえ直接これらの語が問われていないとしても、わからなければ文章が正しく読めなくなるくらい重要なのです。

＊実は、中には「古今異義語」もいくつかあるのですが、品詞が明らかに違っていたり、最近の受験生がおそらく知らなかったりするはずの単語は、あえてこちらに入れました。「古今異義語」と「古文特有語」の区別は問われないので、細かいことは気にしなくて大丈夫！

第3章

敬語

第9節 尊敬語《12語》

▼主体（～は・が）を敬う敬語です。地の文であれば作者にとって、会話文であれば会話主にとってのエライ人が**主語になるとき、その動作には**尊敬語を用います。主語が書かれていない場合でも、尊敬語があれば、「（作者か会話主にとって）エライ人が主語だ」と判断できるのです。**読解するうえでも、とっても大切**ですよ！

第10節 謙譲語《15語》

▼客体（～を・に）を敬う敬語です。地の文であれば作者にとって、会話文であれば会話主にとってのエライ人が**客体（＝動作の相手）になるとき、その動作には**謙譲語を用います。客体が書かれていない場合でも、謙譲語があれば（作者か会話主にとって）エライ人が客体です。

第11節 謙譲語と尊敬語の2種類を持つ敬語

▼敬語の中には、はたらきを2種類持つ敬語があります。ここでは、謙譲語と尊敬語の2種類がある本動詞「**奉る**」と「**参る**」をおさえましょう。謙譲語と尊敬語では、もちろん訳し方も違います。どうやって見分けるのかもマスターしましょうね！

第12節 丁寧語と謙譲語の2種類を持つ敬語

▼ここでは、丁寧語と謙譲語の2種類がある本動詞「**侍り**」と「**候ふ**」をおさえましょう。見分け方とそれぞれの訳し方がポイントですよ！

第4章

古文常識

▼「お坊さんになることに、どうしてそんなに反対するのだろう？」「彼氏が3日目に部屋に来るかどうか、なんでそこまでこだわるの？」「加持祈禱って何？」……古文が書かれた時代の常識を理解していないと、たとえ単語と文法を学習してきちんと文章が読めるようになったとしても、このように、場面の意味がいまいちつかめない場合が出てくる可能性があります。現代の私たちとは違う**「常識」を知ることが、正しい読解につながります。**この「章」で古文常識を身につけましょう！

第1章

グループに分けて覚える古文単語

第1節　漢字➡イメージで覚える単語

第2節　漢字で一発でわかる単語

第3節　1文字変更もしくは追加して覚える単語

第4節　文法とからめて覚える単語

第5節　セットで覚える単語

第6節　⊕と⊖の両方の意味がある単語

例文リスト ⇩p.213

1 あくがる【憧る】動 B

❶ 思いこがれる
❷ うわの空になる
❸ さまよい歩く

憧る（あくがる）

漢字がわかれば、❶は今もそのままですね。「憧れ」の人を見ていたら、❷「うわの空になる」ものです。「憧れる」は、自分の「気持ち♥」がフワーッとその対象に向かってさまよい出て行くイメージ。その「♥」が「人」になると、❸「さまよい歩く」です（「あくがる」の語源は「あく（場所）」＋「かる（離る）」）。

2 ありく【歩く】動 B

❶ 移動する・歩き回る
❷ （「動＋歩く」の形で）あちこちで〜する・〜して回る

歩く（ありく）

なんちゃってゴロ アリクィが、あちこちでえさを探して、歩き回る

漢字で「歩く（ありく）」。ただし、古文の場合は「人・動物」だけではなく、「乗り物」など全般に❶「移動する」＝「歩く」です。あちこちを広く移動する＝「歩き回る」という意味でよく使います。

「動＋ありく」は「その動作をあちこちでしながら歩き回る」＝❷「あちこちで〜する・〜して回る」です。

ちなみに、現代語の「歩く（あるく）」に相当する語としては「あゆむ」があります。

3 ぐす【具す】動 A

❶ 備わる
❷ 連れる・一緒に行く
❸ 添える

具す（ぐ）

なんちゃってゴロ 備わっている具が一緒に胃に行く！

「具す」の「具」は、❶「備わる」という意味。インスタント食品の「具材」の「具」を想像してください。インスタントのみそ汁やラーメンなどには、カップを開けると「具」が備わっています。一緒に入っていますよね。つまり、❸添えてあるのです。それを食べるとき、具材はみそ汁やラーメンと❷一緒に胃に行きますね。

添えてある「具」も一緒にお湯でもどしましょう

---

4 くんず【屈ず】動 C

❶ 気がふさぐ・気がめいる

屈ず（くん）

「くんず」は「くつす【屈す】」と同じ語源です。

現代でも「権力に屈する」などと使いますよね。「権力にくじけて負けてしまう」ことです。

「くんず」「くつす」は、何かにくじけてしまい心が折れてしまうことです。「気がふさぐ・気がめいる」ですね。

関連 **おもひくつす（おもひくす・おもひくんず）**【思ひ屈す】動 ❶ あれこれ考えて気がめいる

5

こうず【困ず】動 C

❶ 困る
❷ 疲れる

困ず（こう）

なんちゃってゴロ　こう（して）ずっと困っていると疲れるなぁ

漢字で書くと「困」です。
❶はそのまま「困る」。「困る」ということは苦しんでいるので、「苦しむ」「悩む」などと訳すこともありますが、「困る」がわかればイメージできますね。
その状態がずっと続くと、精神的に❷「疲れる」のです。

「こうず」は「困る」、「こうず」は「困る」、「こうず」は「困る」……こうずっと丸暗記するのは疲れるし、困っちゃうなぁ

6

さはる（ワ）【障る】動 B

❶ さしつかえる・さまたげられる

障る（さは）

「差し障り（さしさわり）」の「障る」です。「障害」の「障」ですね。
「差し障りがなければ……」＝「さしつかえなければ……」「さまたげがなければ……」ということです。

関連　**さはり**（ワ）【障り】名 ❶ さしつかえ・さまたげ

障り（さは）なしだと、スイスイ進めて気分爽快（そうかい）！

第1節

7 すまふ(モウ)【争ふ・辞ふ】動 C

❶ 張り合う・抵抗する
❷ 辞退する・ことわる

争ふ・辞ふ

漢字は2つ。まず❶「争ふ」。土俵上で争うスポーツ「相撲」という言葉は「すまふ」からできました。土俵上では「ツッパリ」でお互いに張り合って抵抗していますね。

次に❷「辞ふ」。漢字がわかれば「辞退」の「辞」で、そのままです。❶からのつながりでも、相手の意向を「突っぱねる（抵抗する）」⬇❷「辞退する・ことわる」ですね。

同義 いなぶ【辞ぶ・否ぶ】動
❶ 断る

張り合う スポーツ

「すまふ」＝断る

8 つつむ【慎む】動 B

❶ 遠慮する・気がひける

慎む

イメージ 自分の心を風呂敷で包んでいるイメージ。本音を隠して遠慮する

現代語「慎む」は、「控えめにする」ということ。「控えめにする」⬇「遠慮する」です。「発言を慎みなさい」＝「思ったまま言わずに遠慮しなさい」ということですよね。ちなみに、私は受験生で現役の頃、「つつむ」⬇「心を包む」＝「遠慮する」のイメージで覚えました。

関連 つつまし【慎まし】形
❶ 遠慮する・気が引ける ❷ 恥ずかしい
つつみ【慎み】名 ❶ 遠慮

遠慮するべきときは、本心をつつむよね！

9 なづむ【泥む】動 C

❶ 行き悩む
❷ こだわる・執着する

泥む（なづむ）

「泥」の漢字で覚えれば、泥でぬかるんだ道で車がなかなか進めないイメージから❶「行き悩む」はOKですよね！

❷は、「考えが行き悩む」⬇「前に進めない」⬇「こだわって執着している」のですね。

---

10 ねんず【念ず】動 A

❶ 心の中で祈る
❷ 我慢する

念ず（ねんず）

イメージ 好きな人とすれ違い、内心「キャーっ♥」となっても、それを心の中に閉じ込めて（＝念）、顔に出ないように我慢する

「念」＝「心にこめる」ことです。

神仏の前で「心にこめる」⬇❶「心の中で祈る」。

恋しさやつらさなど感情を「心にこめる」⬇❷「我慢する」です。

第1節

11 あいなし【愛無し】形 A

❶ 気に食わない
❷ つまらない
❸ （「あいなく（あいなう）」の形で）むやみに・わけもなく

愛無し（あいなし）

人や物・出来事に愛を感じない⬇いいと思えない＝❶「気に食わない」。

愛を感じないものは❷「つまらない」ものです。

愛も無いのにあいなく（❸むやみに・わけもなく）つきあうなんて、気にくわないしつまらないですね。

お互いに
愛なし
A子って気に食わねー
B男、気に食わないわ
ツーン
客の愛なく
むやみに 焦る
つまらない
シーン…

12 あし【悪し】形 B

❶ 悪い
❷ みにくい
❸ 卑しい
❹ 不快だ
❺ へただ

コレ大事！

「悪い」から連想する

悪し（あし）

❷～❺を覚えていなくても、たとえば「態度が悪い＝みにくい」「身分が悪い＝卑しい」「感情が悪い＝不快だ」「字が悪い＝へただ」のように、「悪い」から簡単に想像できますよね。

「あし」とセットで覚えておいてほしいものが「よし」「よろし」「わろし」です。左の図を参考に覚えてください。

「評価」
上
よし
よろし
わろし
あし
下

関連

よし【良し・善し・好し】形 ❶ よい

よろし【宜し】形 ❶ まあよい・悪くはない

わろし【悪し】形 ❶ よくない　＊漢字は「悪し（あし）」と同じ

13

いぎたなし【寝汚し】形 B

❶ 寝坊だ

寝汚し(いぎたなし)

イメージ 寝坊しちゃうと、寝癖がついたままなど、いつもより汚い恰好で家を飛び出すことになる、かも!?

現代語「寝る」は、古文では「寝(ぬ)(ナ行下二段活用)」。「いを寝(ぬ)」や「いも寝(ぬ)」も、同じく「寝る」という意味です。そして、これらの中に入っている「い」も、漢字で「寝」と書き、「睡眠」という意味の名詞なのです。

「いぎたなし」の「い」は、この「寝(い)」。「きたなし」=「汚し」は❶表現ですよね。ここからイメージして、「寝る(睡眠)+汚い=寝坊」です。

関連 **いをぬ**【寝を寝】動 ❶ 寝る

いもぬ【寝も寝】動 ❶ 寝る

14

うし【憂し】形 A

❶ つらい ❷ いやだ

憂し(う)

「憂し」は「憂鬱(ゆううつ)」の「憂」です。

憂鬱だと❶「つらい」し、憂鬱な気分になるのは❷「いや」ですね。

同義 **こころうし**【心憂し】形 p.79

❶ つらい ❷ いやだ

フラれて憂ウツな「うし」
モ～いやだ……
見てるのがつらいよぉ

15

かしこし【畏し・恐し・賢し】形 A

❶ 畏れ多い
❷ 恐ろしい
❸ 利口だ
❹（「かしこく」の形で）とても・非常に

畏し・恐し・賢し

原義は「人間業とは思えない霊力を恐れ敬う感じ」です。

神の力・霊力は❷「恐ろしく」もありますよね（「恐し」）。「畏し」の❶「畏れ多い」は原義。

学識や才能が並外れてすぐれているときも、「アイツ、マジ、神」という発想から「賢し」となり、❸「利口だ」の意味が生まれましたが、これは現代と同じなので暗記不要ですね。

連用形「かしこく」の形で、❹「とても・非常に」の意味で用いることも多いんです。❷からイメージ⬇テストの点数が「かしこく（＝恐ろしく）悪かった」＝「とても悪かった」です。「かしこき神。それは、非常に畏れ多く、恐ろしく、利口な神である」と覚えましょう！

関連 かけまくもかしこき 連語 ❶ 口にするのも畏れ多い

16

かたはらいたし【傍ら痛し】形 A

❶ みっともない
❷ 気の毒だ
❸ 恥ずかしい

傍ら痛し

「傍で見ていて痛い」＝❶「みっともない」が原義。

横断歩道でおもいっきりコケた人を見たら、❷「気の毒」ですよね。

それが「自分」だったら、❸「恥ずかしい」！（コレ、昔、校舎移動の際の実話です。本当に恥ずかしかった。新幹線に乗り遅れそうだったので、ストッキングが破れたまま荷物をかき集めて、足から流血しながらそのまま猛ダッシュ。無事に乗れて授業も間に合いましたが。教訓、時間には余裕をもって行動を！）

傍で見ていて
痛々しいと思った人たち
気の毒だなぁ
うわー
みっともない
本人は
超 恥ずかしい
散乱した
プリントなど

17

さかし【賢し】形 B

❶ かしこい
❷ すぐれている
❸ しっかりしている
❹ 利口ぶる・こざかしい

賢し(さかし)

「賢い」も、程度が過ぎると「こざかしい」

❶「かしこい」はそのままですね。「賢い人」が何かをすると、大体そつなくこなして❷「すぐれている」。

そして、「賢い子ども」は❸「しっかりしている」。ただし、あまりにも賢すぎる子どもって、ちょっとかわいげがないというか、利口ぶった生意気な感じもしますよね。それが❹です。

「さかしら」と、「さかし」に「ら」がつくと、この❹（＝利口ぶる・おせっかい）の意味しかないのがポイントです！

関連 さかしらなり【賢しらなり】形動

❶ 利口ぶる ❷ おせっかい

18

ところせし【所狭し】形 A

❶ 場所が狭い
❷ 窮屈(きゅうくつ)だ・気づまりだ
❸ 堂々としている
❹ 大げさだ

所狭し(ところせし)

❶「場所が狭い」が原義です。心理的に「狭い」と感じる⬇

❷「窮屈だ・気づまりだ」です。たくさんの人が乗り合わせたエレベーター内って、変な空気が流れませんか？　しゃべっちゃいけないようなヘンな空気。このイメージです。

高校生なら、「威厳(いげん)たっぷりの❸「堂々とした」校長先生と2人で面談」も緊張して気づまりでしょうね。❹「大げさ」に「校長室で」ならなおさら！

所狭し(ところせし)

19 びんなし【便なし】形 A

❶ 不都合だ
❷ よくない
❸ 気の毒だ

便(びん)なし

「びん」は「不便」の「便」。❶は、「不便」⬇「不都合」です。

テスト中に、時計の電池が止まってしまう不都合な状態が起きるなんて❷「よくない」ですよね。

そんなよくない状況の人がいれば、傍(はた)から見ていて❸「気の毒」です。

同義 ふびんなり【不便なり・不憫なり】形動 ⬇p.36
❶ 不都合だ ❷ かわいそうだ

最終便
乗り遅れた……マズイ……
お気の毒ですが、もう○○行きの便はないですね……
◀ よくない、不都合なことが起きてしまった人

---

20 まさなし【正無し】形 B

❶ よくない
❷ 予想外だ

正(まさ)無(な)し

「正無し」⬇「正しくない」です。

「正しくない」ことは❶「よくない」ですね。

すごく頑張ったのに結果がよくなかったら、❷「予想外」ですよね。

何日も前から猛勉強中

えーっ！なんで……？

予想外な結果

正しくない、×だらけ
（原因：マークがずれていたという不幸）
こうならないよう気をつけましょう!!

21

あながちなり【強ちなり】 形動 B

❶ 強引だ・無理やりだ
❷ 一途（いちず）だ
❸ （＋打消・反語）必ずしも（～ない）

強ち（あなが）なり

「強ち」は「強引」の「強」。❶「強引だ・無理やりだ」はそのままです。

何度フラれても、めげずに強引に「好きだ」と言い続ける人って、よくいえば❷「一途」ですよね。

❸は今でも使います。たとえば「あながちウソじゃない（＝必ずしもウソではない）」のように。

22

ことなり【異なり・殊なり】 形動 B

❶ 他と違っている
❷ 特別だ・格別だ

異（こと）なり・殊（こと）なり

「異なり」や、「特殊」の「殊」から、❶はそのままです。

他と違っている➡❷「特別・格別」なんですよね。

「ことなり」の語幹「こと」と絡めて少し脱線しますが、「こと」と文章中に出てきたときに、漢字で書かせる問題が入試で出る場合があります。「こと」には、漢字で「異」「殊」「言」「事」「琴」があります。

頻出の形は「こと＋体言」。この場合は「異」で、「別の・他の」の意味です。たとえば「こと人」なら「異人」で、「別の人」。

「特に」という意味の「ことに」は「殊に」です。

「言」には、「言葉」の他に、「うわさ」や「和歌」の意味もあります。「事」「琴」はわかると思いますので、説明は省きます。

関連 **こと**【異・殊・言・事・琴】 名 それぞれ右記を参照

ことに【異に・殊に】 副 ❶普通と違って ❷特に

23 せちなり【切なり】 形動 B

❶ ひたすらだ
❷ すばらしい
❸ 大切である

切なり

「切実」「大切」がポイント！

「切実」の「切」。「切実」＝「身にせまる様子」です。「単語覚えたい～」って切実に思っている人は、❶「ひたすら」頑張りますよね。

切実にひたすら頑張っている姿は❷「すばらしい」。

❸は、「大切」の「切」で、そのままですね。

切実に頑張ることが大切です

24 むげなり【無下なり】 形動 A

❶ 最低だ
❷ ひどく身分が低い
❸ 程度がはなはだしくひどい

無下なり

イメージ 0点の答案用紙。それより下は無い、最低点でひどいです……

「無下」➡「それ以下が無い」が原義です。つまり、❶「最低」です。

それを身分で考えたのが❷の意味。

「ひどい」➡「ひどく～」と、たんに程度がはなはだしいという「very」の意味で用いたのが❸です。

関連 むげに【無下に】 副

❶ ひどく・むやみに ❷（＋打消）全然（～ない）

25

あそび【遊び】名 B

❶ 狩り・行楽
❷ 詩歌管弦の遊び
❸（「遊び女」の略）

遊び

「遊びといえば？」「詩歌管弦！」の勢いで覚えてください

「あそび」の原義は、「**楽しい気分で時間を過ごすこと**」です。現代語と同じなのですが、たとえば、ネット、テレビゲーム、映画などは、古文の時代にはありません。昔の人たちが「何を楽しんだのか」が「遊び」の意味です。

上代の人たちは❶「狩り・行楽」。

中古では❷「詩歌管弦」。「**漢詩や和歌をつくること**」や、「**管弦の演奏**」が楽しみでした。入試では、これが重要です！

❸「遊び女」は「歌舞によって人を楽しませた女性」のこと。「遊女・浮かれ女」ともいいます。

関連 **あそぶ**【遊ぶ】動
❶ 好きなことをして心を慰める・遊ぶ
❷ 詩歌管弦などを楽しむ

26

うつつ【現】名 A

❶ 現実
❷ 正気
❸ 生きている状態

現

「夢」の対義語が「現」（＝現実）です！ ⬆入試で問われたことがありますよ

「夢か、うつつか、幻か」と、今でも使いますね。その「うつつ」です。「（これは）夢？ 現実？ それとも幻？」ということですよね。

「うつつ」＝「現」で❶「現実」です。

意識が現実にハッキリしている＝❷「正気」。

現実の世界に存在している＝❸「生きている状態」です。

関連 **うつしごころ**【現し心】名 ❶ 正気

27

おこたり【怠り】名 B

❶ 怠慢（たいまん）・なまけること
❷ 失敗
❸ 謝罪

怠り（おこたり）

なんちゃってゴロ 怠慢で失敗しても、謝罪したからおこったりしないでね♪

漢字で「怠り」をおさえると、❶「怠慢」はそのままです。

何事も怠（なま）けていたら、うまくいかず❷「失敗」します。

自分自身の失敗は自業自得ですが、失敗して誰かに迷惑をかけたなら❸「謝罪」しますよね。この❸が大事。「おこたり申す」は「謝罪を申し上げる」です。

関連 おこたる【怠る】動 ➡p.77

❶ なまける　❷ 病気がよくなる

重要！

28

かたへ【片方】名 B

❶ 片側・片方
❷ 一部分
❸ かたわら・そば
❹ 仲間

片方（かたへ）

イメージ お笑いコンビ。いつもそばにいる仲間で、片方がコンビの一部分です

漢字で「片方」。❶はそのままです。

「片方」ということは、全体の❷「一部分」ですよね。

お笑いコンビで一方の人気が出すぎると、「〇〇さんと、もう片方の人、名前なんだっけ？」となりますよね。その「片方の人」は、舞台で〇〇さんの❸「そば」にいつもいます。コンビですから、当然、〇〇さんとは仕事の❹「仲間」ですよね。

これで「片方」➡「そば」➡「仲間」とイメージして覚えてください。

29 かへし【返し】名 C

❶ 返事・返歌

返し（かへし）

なんちゃってゴロ　返事・返歌は、すぐにかえしましょう！

返すものは、「和歌」か「手紙」です（もしくは両方含む）。昔は、誰かに和歌を詠みかけられたら、すぐに和歌を詠み返す（＝「返歌をする」）のがマナーでした。和歌は「手紙」の中に書いてあることが多いのです。だから、「手紙」をもらったら、「返事」を書かなければいけません（嫌な相手からだと無視したりしますが……）。

とにかく「かへし」は「返事・返歌」のことです！

---

30 けしき【気色】名 A

❶ 様子
❷ 態度
❸ 機嫌
❹ 意向（＝見てわかるほどの心の考え）

気色（けしき）

見るからにイライラしていて機嫌が悪い人、たまにいますね。そういうのが「気色悪し」です

たとえば「気色悪い」の「気色」と同じ漢字ですよね（読みは「けしき」なので気をつけましょう）。「気色悪い（気色が－な）人」＝「❶様子がヘン（様子が－）な人」ですよね。

「けしき」は「見てわかるくらい外に表れたもの」が原義。ですから、❷「態度」や❸「機嫌」、見てわかるほどの心の考え＝❹「意向」という意味もあります。

関連
けしきあし【気色悪し】連語 ❶ 機嫌が悪い
けしきばむ【気色ばむ】動
けしきだつ【気色立つ】動
❶ きざす ❷ 思いが外に表れる ❸ 気取った風をする

31 ざえ【才】名 A

❶ 学才(特に漢学)
❷ 芸能・技能

才(ざえ)

漢字がわかれば余裕ですね。「学問や芸能の才能」です

「才能」の「才」ですね。

❶「学才」は、**勉強の「才能」**。平安時代の男性にとっての勉強は、やはり「漢学」(漢文の学問)です!

❷「芸能・技能」は、**芸術・実技系の「才能」**です。

読み単語として出題される場合もありますので、「才」=「ざえ」と読めるようにしましょう。

関連 **かど**【才】名 ❶才能 ❷趣・見どころ

かどかどし【才才し】形 ❶才気がある・かしこい

---

32 しるし【徴・験】名 A

❶ 前兆(ぜんちょう)
❷ 霊験(れいげん)・ききめ

徴(しるし)・験(しるし)

名詞「しるし」には意味がたくさんありますが、大事なのは「徴・験」。

「徴」は「徴候」の「徴」。「徴候」とは、何か物事が起こる兆し(きざ)のことですよね。❶「前兆」です。

もう1つの漢字「験」は「霊験」の「験」。❷「霊験・ききめ」です。「霊験」とは「**神や仏に祈ることによって得られるご利益(りやく)**」のことです。お祈りの「ききめ」ですね。

(他に「標・印・証」と漢字で書き、「合図・目印・証拠」などの意味もありますが、「徴・験」のほうが大事!)

前兆
雨が降る徴(しるし)だ

《翌朝》

33

たより【頼り・便り】名 A

❶ 頼り・頼みにできるもの
❷ 縁・ゆかり
❸ 便宜・便利
❹ ついで・機会
❺ 手紙

頼（たよ）り・便（たよ）り

お財布を忘れた際、弟と他人と一緒にいました。どっちに頼る？　縁がある弟ですね！

まず「頼り」。ここから❶と❷。❶はそのまま「頼り・頼みにできるもの」です。「いざ」というときに頼みにできるのは、他人より「縁」や「ゆかり」のある人ですよね。これが❷です。もう1つは「便り」。❸「便宜・便利」の「便」です。❹「ついで・機会」に何かできたとき、「ちょうどよかった！　ラッキー♪」って「便利」なときですよね。

❺は今でも使いますが、古文ではあまり使いません。❶～❹をしっかりおさえましょう。

34

ついで【序】名 A

❶ 順序・順番
❷ 機会

序（ついで）

家族経営の社長。祖父⬇父⬇息子と、順番に順序よくついでいきますね

漢字は「序」。❶「順序」の「序」です。元は「継（つ）ぎ手（て）」で、「ぎ」がイ音便（おんびん）化して「ついで」になったといわれています。親から子へ、師匠から弟子へ順番に継いでいくイメージで覚えてもよいですね。

❷は今でも使いますね。たとえば、「ついでに行くよ」⬇「近くに行くことがあり、よい機会だから同時にそこにも行く」ということですね。

父から順番に継（つ）いで、社長になりました！

35 ひま【隙・暇】名 B

❶すき間 ❷絶え間

隙(ひま)・暇(ひま)

今でも「明日ヒマ?」と使いますよね。「ヒマ(暇)」とは、何かの「予定」と「予定」の「すき間」にあたる時間、❷「絶え間」のことです。

古文の時代には、時間だけではなく、本当に空間的な❶「すき間」の意味でも使いました。

漢字は「隙(す)き間」の「隙」と、そのまま「暇」の2つです。

もし、病気のシーンで「ひま」とあれば、「小康状態」の意味です。「波がある腹痛」を、グラフでイメージしてください。「ふっ」とマシになった瞬間、それが「ひま」です。

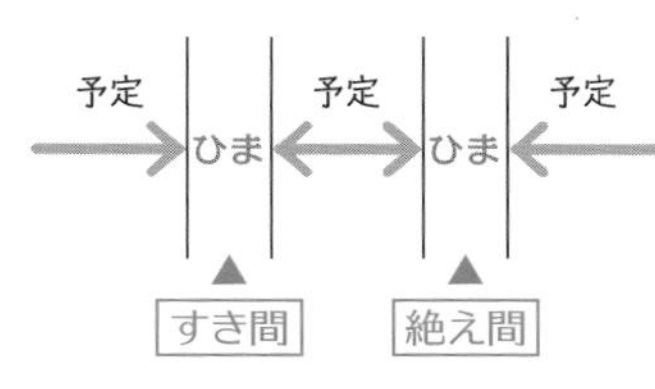
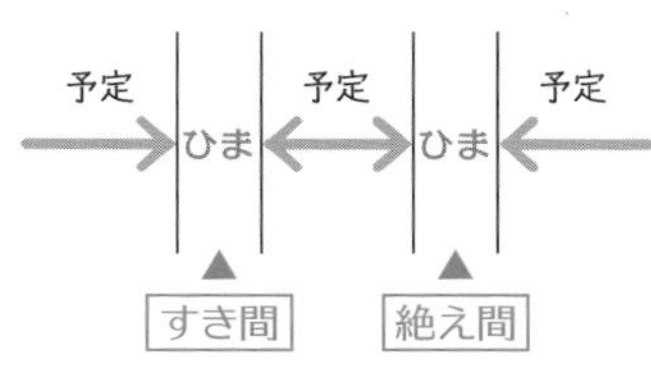

36 むね【旨・宗・胸・棟】名 C

❶内容・趣旨
❷中心とすること
❸胸部・心
❹屋根の中央の最も高いところ

《共通のイメージ》「中心」となる大事なもの

旨(むね)・宗(むね)・胸(むね)・棟(むね)

「むね」は「中心」!

「むね」は別単語として4つありますが、あえてここで1つにまとめます。共通するのは、「中心・核」のイメージ。

❶「旨」は「趣旨」の「旨」です。「趣旨」とは「意味・内容」のことですが、読解するうえで「旨=意味・内容」を理解することは、いちばん中心となる大事なことですよね。

❷「宗」は「宗教」の「宗」。「宗教」を信仰する人にとっては、その「根本の教え」が思想の核・中心となります。

❸「胸」は「人間の中心にある大事な場所・急所」。

❹「棟」とは「屋根の中央の最も高いところ」です。

「むね」は「中心」と覚えると便利! ❶・❷が大事です。

37

げに【実に】副 A

❶ なるほど
❷ 本当に

実に(げ)

実に(じつ)(＝本当に)わかりやすい解説は「なるほど!」とストンと納得できますね

「げに」は、音の響きだと「現に(げん)」、漢字だと「現実に」と絡めると覚えやすくなります。「現にそうだよね〜」って、「現実と一緒だ、その通り!」と納得する気持ち(＝「なるほど!」)が「げに」です。

「げに」の漢字「実に」を「じつに」と読むと、現代語でも❷の意味で使いますね。「実に(じつ)おもしろい」＝「本当におもしろい」です。

「げに」は「実に」!
実に(じつ)(＝本当に)覚えやすい!

38

なべて【並べて】副 A

❶ 一般に・総じて
❷ 並・平凡・普通
❸ 一面に

並べて(な)

「なべて」は平凡、「なべてならず」は格別!

「並べて」の「並」から、そのまま❷「並・平凡・普通」です。「普通」は、「ご飯並盛り」などの「並」です。

❸は、何かをダーッと並べるイメージ＝「一面に」です。意見を求めたときに、みんなが一面に同じ意見であれば、それが「一般的な」意見になりますね。これが、❶「一般に・総じて」です。

関連 **なべてならず**【並べてならず】連語

❶ 普通ではない・格別だ

漢字で一発でわかる単語

例文リスト ↓p.218

39

あきらむ【明らむ】動 B

❶ 明らかにする・物事をよく見る・見きわめる

明(あき)らむ

イメージ パッと灯った豆電球。「わかったーっ！」って顔がパッと明るくなるイメージ

関連 **あきらかなり**【明らかなり】形動

❶ 明るい　❷ 明白だ

40

いらふ(ロ)(ウ)【答ふ・応ふ】動 B

❶ 答える・返答する

答(いら)ふ・応(いら)ふ

漢字で覚えていたら余裕ですね

関連 **いらへ(エ)**【答へ・応へ】名 ❶ 返事・返答

41

かる【離る】動 A

❶ 離れる

離(か)る

「空間的」なら「遠ざかる」。「時間的」なら「間を置く」。「心理的」には「よそよそしくなる」。

全部「離れる」からイメージできますね。

「離る」と「枯(か)る」の掛詞(かけことば)でも入試頻出の単語です。

〔空間的〕
遠ざかる

バイバイ

〔心理的〕
よそよそしくなる

〔時間的〕
間を置く

42 あたらし【惜し】形 A

❶ 惜しい

惜し（あたら）

なんちゃってゴロ あたらしいから捨てるのは惜しいなぁ、もったいない

「あたら（＝惜）＋体言」は「惜しむべき体言・大切な体言」。

例 あたら命＝大切な命
あたら時＝大切な時

関連 あらたし【新たし】形 ❶ 新しい
＊「気持ちを新たに……」など、今でも使いますね。

「あたらし」は漢字「惜し」で覚えておこう！

---

43 かなし【愛し・悲し】形 A

❶ かわいい・いとしい
❷ 心が痛む

愛し（かな）・悲し（かな）

イメージ 「心がキュー〜ン♥」（かわいい）か「心がキューっとしめつけられる」（悲しい）

「かなし」は漢字で2つ。大事なのは❶「愛し」。❷は現代語と同じですね。入試で「かなし」が出題されたら、「愛し」から考えましょう。「愛しい」ものは「かわいい」ですね。❶がおかしければ❷「悲し」です。

どちらも「心がキューッ」となるイメージ。それが「愛情」なのか「かわいそう」と思う心なのか、の違いです。

関連 かなしむ【愛しむ・悲しむ】動
❶ 愛する ❷ 悲しみ嘆く

かなしうす【愛しうす（シュウ）】動 ❶ かわいがる

44 かたし【難し】形 B

❶ 難しい
❷ めったにない
❸（「動＋がたし」の形で）～することが難しい・～しにくい

難し（かたし）

「動＋がたし」の形が頻出です。「動＋難し」でバッチリですね！

意味は、漢字そのまま❶「難しい」。
もう1つの意味は、下記の「ありがたし」と同様に「あることが難しい」と考えて、❷「めったにない」です。
「動＋がたし」の形で文章中によく出てきますが、これも漢字をあてはめたらそのままですね。❸「～することが難しい」のです。

対義 やすし【安し・易し】形 ⇒p.34
❶ 容易だ・簡単だ　など

45 ありがたし【有り難し】形 A

❶ めったにない
❷ すばらしい
❸ 生きながらえにくい

有り難し（ありがたし）

「有り」＋「難し」⇒めったにないからすばらしい／生存困難

「有ることが難しい」＝❶「めったにない」です。「希少価値」とは、めったになくて❷「すばらしい」こと。
「有り」には「生存する」の意味もあります。その場合は「**生きることが難しい**」＝❸「生きながらえにくい」の意味です。

同義 **けうなり**【稀有なり・希有なり】形動
❶ めったにない

これ、普通、あるのは難しいよっ！すばらしいプレゼントをありがとう！　有り難い!!

46

やすし【安し・易し】形 C

❶ 安心だ
❷ 容易だ・簡単だ
❸ （「動＋やすし【易し】」の形で）～しがちだ

安(やす)し・易(やす)し

「やすし」は「安心・簡易」！

「動＋やすし」⬇「～することが簡単」⬇「簡単だから～しちゃう」＝❸「～しがちだ」です！

対義 かたし【難し】形 ⬇p.33 ❶難しい ↕易し

47

めやすし【目安し】形 B

❶ 見苦しくない・感じがよい

目(め)安(やす)し

見た目に安心な人は、感じがよいですね

「めやすし」は「目」に「安心」です！

48

うしろやすし【後ろ安し】形 B

❶ （将来に）心配がない・安心できる

後(うし)ろ安(やす)し

後ろが安心で心配なし！

見えないはずの「後ろ」（＝将来）も「安心」なのです！つまり、「心配がない」し「安心でき」ますね！

49

うしろめたし【後ろ目痛し】形 A

❶ 不安だ
❷ うしろ暗い・気がとがめる

後(うし)ろ目(め)痛(た)し

後ろが❶で不安……

「後ろ辺(へ)痛し」とも。「後ろの見えないところが気にかかって不安だ」というのが原義です。

対義 うしろやすし【後ろ安し】形 ⬇p.34 右記を参照

50

著し（しる）

しるし【著し】形 B

❶ きわだっている

❷（「〜もしるく」の形で）予想通りだ

「著しい」や「顕著」の「著」

51

貴なり（あて）

あてなり【貴なり】形動 A

❶ 高貴だ

❷ 上品だ・優雅だ

イメージ 高貴な人。上品で優雅ですね

関連 **あてはかなり**【貴はかなり】形動

❶ 高貴だ・優美だ

あてやかなり【貴やかなり】形動

❶ 高貴だ・優美だ

あてびと【貴人】名 ❶ 高貴な人・上品な人

52

優なり（いう）

いうなり【優なり】形動 B

❶ すぐれている

❷ 優雅だ

優秀・優雅！

「i+う」の発音は「ユー」。「いう」⬇「ゆう」⬇「優」です。

「優秀」「優雅」の「優」ですね！

53

懇ろなり（ねんご）

ねんごろなり【懇ろなり】形動 A

❶ 親切だ・丁寧だ

❷ 親しい

イメージ 懇切丁寧に、親しく懇談会

「懇切丁寧」とは、細かいところまで気を配り❶「親切に」「丁寧に」行うさま。「人や物事に対して心を込めて接する」のが「ねんごろ」です！

54

ふびんなり【不便なり・不憫なり】 形動 C

❶ 不都合だ
❷ かわいそうだ

不便(ふびん)なり
不憫(ふびん)なり

不都合だ
かわいそうだ

「不便だ」⬇❶「不都合だ」です。

❷「不憫」は今でも使いますね。「不憫な子」＝「かわいそうな子」です。

「ふびんにす」の形で「かわいがる」という意味になります。

「不憫に思って面倒を見る⬇かわいがる」というイメージで。

同義 **びんなし**【便無し】 形 ⬇p.21

❶ 不都合だ ❷ よくない ❸ 気の毒だ

55

みそかなり【密かなり】 形動 C

❶ ひそかだ・こっそりとしている

密(みそ)かなり

なんちゃってゴロ ひそかに大みそかにデート♥

「秘密」の「密」で、カンタンですね。

漢字でおさえてもOKですし、「みそか」は「ひそか」と1字違いなので、音でも覚えやすいですね。

同義 **しのぶ**【忍ぶ】 動 ⬇p.54

❶ 我慢する ❷ 隠す・人目を避ける

やをら(ヲ) 副 ❶ 静かに・そっと

第2節

56 かたち【形・容・貌】名 A

❶ 姿
❷ 容貌（ようぼう）

形（かたち）・容（かたち）・貌（かたち）

「姿かたち」「顔かたち」と覚えよう！

「容」＋「貌」➡「容貌」ですね！

57 かち【徒歩】名 C

❶ 徒歩

徒歩（かち）（より）

徒歩（で）

「かち」に、格助詞の「より」がくっついて、「かちより」の形で頻出です。「かちより」の「より」は「手段」の意味で、「〜で」と訳します。「かちより」＝「徒歩で」とまとめて覚えましょう！

58 ほい【本意】名 B

❶ 本来の意志・目的

本意（ほい）➡ ㊍来の㊄志

「ほい」＝「出家」➡p.160を意味する場合が多いよ

入試で、「ほい」を漢字で書かされることもあります。もちろん意味も大事。ですが、漢字がわかればそのままですね。「本意」➡「本来の意志」です。

対義 ほいなし【本意無し】形 ❶ 不本意だ

「本意（ほい）」の「読み」を出題されることも。読み・漢字（➡意味）、しっかりおさえよう！

59 まらうと【客人・賓】名 C

❶ 客・訪問者

客人・賓

「まらうど」ともいうよ！

漢字が頭に浮かべば、そのままです。ちなみに、「まらうと」はもともと「まれびと【稀れ人】」で「(家に)稀にいる人」です。いつもいるわけではない＝「客人」です。

この「まらうと」に「ざね(＝その中で中心、主となるもの)」がついた「まらうとざね【客人ざね】」という単語があります。「客人ざね」は「主客・正客」です。

関連 **まらうとざね**【客人ざね】名 ❶ 主となる客・正客

60 あまた【数多】副 B

❶ たくさん ❷ たいそう

数多

「あまた・ここら・そこら」で一石三鳥！

そのまま❶「たくさん」です。「あまた」は「余った」＝「たくさん」と覚えても可！「ここら」と「そこら」もセットで覚えましょう。

同義 **ここら** 副／**そこら** 副 ❶ たくさん ❷ たいそう

61 かたみに【互に】副 A

❶ 互いに・交互に

互に

互いに・交互に

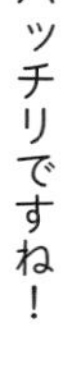

漢字がわかれば、バッチリですね！

第3節

1文字変更もしくは追加して覚える単語

「みそか」の意味は、「ひそか」と1文字変えたらよいだけでしたね ⬇p.36。同じように1文字変えたり、加えたりすると訳がわかるという単語を7個ご紹介！

例文リスト ⬇p.222

62

おこす【遣す】動 C

❶ よこす・こちらへ送ってくる
❷ （「動＋おこす」の形で）こちらへ〜する

「おこす」⬇「よこす」

現代語の「よこす」は、動作の動きとして「自分側へ来る」ことですよね。動詞の下にくっついていれば、❷「自分側（こちら）へ〜する」ということ。

ちなみに「おこす」（＝よこす）」の対義語は、古文の時代でも「やる」です。「動＋やる」なら「遠くはるかに〜する」。

関連 **やる**【遣る】動
❶ 行かせる ❷ 送る
❸ （「動＋やる」の形で）遠くはるかに〜する

63

やつる【俏る・窶る】動 B

❶ 目立たない姿になる
❷ （病気などで）容色が衰える・みすぼらしくなる

「やつる」➡「やつれる」

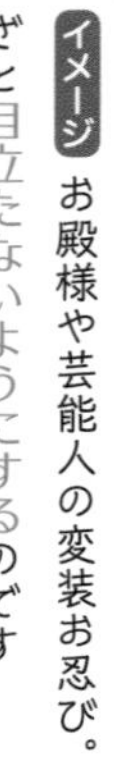

イメージ お殿様や芸能人の変装お忍び。わざと目立たないようにするのです

「やつれる」とは❷「やせ衰えたり、みすぼらしくなる」ことですよね。

貴族が地味な服を着て、パッと見（み）をわざとみすぼらしくすることも「やつる」といいます。それが❶です。今でも有名人が、人混みで騒がれるのを避けるために、帽子をかぶったりマスクをしたり、わざとオーラを消して目立たないように姿を変えますよね。それが「やつる」です。

同義 やつす【俏す・窶す】動 ➡p.73

❶ 目立たないように姿を変える
❷ 出家して姿を変える ◀重要！

64

うとし【疎し】形 C

❶ よく知らない
❷ 親しくない
❸ 無関心だ

「うとし」➡「うとい」

現代でも「電子機器にうとい」などと使いますね。電子機器のことを❶「よく知らない」のです。

対象が「人」だった場合は、「その人の事をよく知らない」➡その人と❷「親しくない」のですね。人にしろ、物にしろ、その対象にあまり興味がないのです。つまり、❸「無関心」です。

このように、ク活用の形容詞は「～し」を「～い」に変えると、現代と同じ意味になるものが多いのですよ。

65

ゆくりなし 形 B

❶ 突然だ・思いがけない

「ゆくりなし」⬇「ゆっくりなし」

「ゆっくりではない」ということは「突然」ですね！

同義 **にはかなり**【俄なり】形動 ❶ 突然だ

うちつけなり【打ち付けなり】形動

❶ 突然だ ❷ 軽率だ

「突然」シリーズ

●「ゆくりなし」は、「ゆっくりなし」⬇突然
●「にはかなり」は、突然ザーッと降るにわか雨
●「うちつけなり」は、「うちつける」＝「ぶっつける」
⬇「ぶっつけ本番」＝突然本番！

で、それぞれ覚えよう！

関連 **とし**【疾し】形

❶ 早い ❷ 速い

❸（「とく」の形で）早く

66

あやにくなり 形動 B

❶ 意地が悪い
❷ あいにくだ

「あやにくなり」⬇「あいにくなり」

「あや（＝ああ）」＋「憎し」からできた言葉で「**予想と逆で失望する気持ち**」が原義。

かわいくて憧れていたアイドルが、実際はメチャクチャ性格が悪かったら、ガッカリですよね。

❶「意地が悪」ければ「あやにくし」です。

67 おろかなり【疎かなり】形動 A

❶ おろそかだ・いいかげんだ

「おろかなり」⇒「おろそかなり」

「おろそかに扱う」ということは「いいかげんに扱う」ということ。

「おろかなり」には現代と同じ「愚かだ」という意味もいちおうありますが、覚える必要はありません。入試問題としてまず出題されないからです。**圧倒的に「おろそかだ」のほうが大事**です！

同義 **なほざりなり**【等閑なり】形動
❶ おろそかだ・いいかげんだ

対義 **ねんごろなり**【懇ろなり】形動 ⇒p.35
❶ 丁寧だ　など

関連 **いふもおろかなり**
【言ふもおろかなり】連語 ⇒p.134
❶ 言っても言い尽くせない・言うまでもない

68 まめなり【忠実なり】形動 A

❶ まじめだ・実直だ・誠実だ
❷ 実用的だ

「まめなり」⇒「まじめなり」

「まめ」＝❶「まじめ」です。まじめな人って「誠実」ですよね。まじめな使い道があるものは、❷「実用的」なもの。

「まめ」は漢字で「忠実」。漢字で覚えてもOK。「まめ」＝「忠実」⇒「実直・誠実・実用的」と「実」つながり。

「まめ」系の単語はたくさんありますが、「まめ」＝「まじめ」で解決！

同義 **まめまめし**【忠実忠実し】形
❶ まじめだ・誠実だ　❷ 実用的だ

関連 **まめやかなり**【忠実やかなり】形動
❶ まじめだ・誠実だ　❷ 本格的だ

まめごと【忠実事】名 ❶ まじめなこと

まめだつ【忠実立つ】動 ❶ まじめにふるまう

まめびと【忠実人】名 ❶ まじめな人

対義 **あだなり**【徒なり】形動 ⇒p.124
❶ 浮気だ　❷ はかない様子だ・かりそめだ　❸ 無駄だ

例文リスト ➡p.223

〔四段〕と〔下二段〕の2種類を持つ動詞

四段活用と下二段活用の2種類を持つ動詞の違いは「訳し方」です。〔四段〕は「そのまま」訳し、〔下二段〕は「四段＋使役」で訳します。

たとえば、「入る」も2種類持つ動詞ですが、訳はどうなりますか？〔四段〕なら「入る」。〔下二段〕なら「入れさせる」➡「入れる」です。このような動詞で、入試でおさえておくべき単語は「たのむ」と「かづく」です！

69 **たのむ**【頼む】動 B

〔四段〕❶ 頼みにする・あてにする

〔下二段〕❷ 頼みに思わせる・あてにさせる

〔四段〕は、そのまま「頼みにする・あてにする」です。〔下二段〕は、それに使役を足す。つまり、「頼みにさせる（頼みに思わせる）・あてにさせる」＝「期待させる」となりますね。

あてにする
サイフ忘れた
頼むっ！お金貸して〜
いいよ！
四段
あてにさせる
サイフ忘れた
貸してあげるよ
オレに頼めよ！
下二段

70 かづく【被く】動 A

〈四段〉
❶ かぶる
❷ ほうびをいただく

〈下二段〉
❶ かぶせる
❷ ほうびを与える

漢字「**被く**」をおさえましょう。「被」は、「被害者（＝害をかぶる）」や「被子植物（＝胚珠が心皮に包まれて［かぶって］子房に収まっている植物）」の「被」。「被」＝「かぶる」という意味です。

これで、〈四段〉「かぶる」、〈下二段〉「かぶせる」はＯＫですが、「ほうびをいただく」「ほうびを与える」が「？？？」ですよね。でも、古文常識がわかればカンタン！

昔は、上位の者が下位の者をほめるときに、下のイラストのように、下位の者の左肩に衣服をかけてあげたのです。

入試によく出るのは、この「ほうびをいただく」「ほうびを与える」の意味ですが、これで覚えておけば、「四段と下二段、どっちが『いただく』だっけ？」などと迷わずにすみますよ。

「**かづく**」＝「**被く**」＝「かぶる」、「**下二段には**使役**を付け足す**」です！

ちなみに、漢字で「潜く」と書く場合もあり、「潜く」も四段と下二段の2種類を持っています。四段は「潜る」、下二段は「潜らせる」の意味。海などの場面で「海女がかづく」とあったならば、この「潜く」の可能性が高いのです。

入試頻出なのは「被く」ですが、「潜く」にも気をつけましょう。

上代の助動詞「ふ」「ゆ」を用いた単語

上代の助動詞「ふ」は「動作の反復・継続」を意味する助動詞、「ゆ」は「受身・可能・自発」の助動詞です。

ちなみに、「ゆ」は平安時代になると「る」にとって変わられました（ただし、「ゆ」に「尊敬」の意味はありません）。

これらの上代の助動詞「ふ」や「ゆ」が、単語の一部分として残っている単語を7個ご紹介！

71

うつろふ[ウ]【移ろふ】動 B

❶ 移動する
❷ 色が変わる・色づく
❸ 色があせる・さめ続ける
❹ 心変わりする

「移る」+「継続」の「ふ」⬇「移り続ける」=❶「移動する」。「うつろふ」は「**移り続ける**」⬇「**変わっていく**」というのが原義。

そこから❷「色が変わる・色づく」、❸「色があせる・さめ続ける」です。

人の心・気持ちが移って変わってしまう=❹「心変わりする」です。

72 かたらふ（ロウ）【語らふ】 動 B

❶ 語り合う
❷ 親しくつきあう
❸ 男女が言い交わす
❹ 説得して仲間として誘い入れる

語り続けて仲よくなる♪
語り続けて説得する！

何度も反復して❶「語り合う」相手とは、仲よくなりますよね。

「反復して話す」⬇❷「親しくつきあう」ようになり、それが男女なら、❸「男女が言い交わし」て深い仲になることも。

そして、❹「仲間として誘い入れる」ためには、「何度も話して説得する」ことが必要ですね！

僕とゆっくり語り続けて親しくなりましょう

73 よばふ（ボウ）【呼ばふ】 動 C

❶ 何度も呼ぶ・呼び続ける
❷ 求婚する

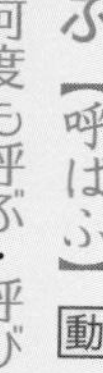

何度も呼び続けてプロポーズ♥

❶は「呼ぶ」＋「反復・継続」の直訳ですね。

❷だと、「女性を呼び続ける」のです。「○○ちゃん、結婚して！」「ねえ、○○ちゃん、結婚して～！」「○○ちゃーんっ！」って。そこから「求婚する」の意味ができました。

関連 **よばひ**（イ）【呼ばひ】 名 ❶ 求婚すること

＊「夜這い（夜、男性が女性の寝所に忍び込むこと）」の意味もいちおうありますが、まずは「求婚」から考えるのがコツ！

74 おぼゆ【覚ゆ】動 A

❶（他人から）思われる
❷思い出される
❸似る
❹自然に思われる・感じる

「おぼゆ」は「思ふ」の未然形「思は」＋「ゆ」⬇「おもはゆ」⬇「おぼゆ」になりました。「ゆ」＝「受身・可能・自発」を利用すれば訳はその場で出てきます！「受身」なら❶「思われる」。❷・❸は「可能」。「思うことができる」⬇「思い出される」⬇「似ている」から「思い出す」のです。「自発」は❹「自然に思われる・感じる」。

〔受身〕おぼゆ
いつも笑ってて悩みなさそ〜
ハハ……
そう思われる人
〔自発〕おぼゆ
自然に涙が……
何かを自然に感じて感動
〔可能〕おぼゆ
なんだっけ？……あっ！
○○に似てる!!

75 みゆ【見ゆ】動 B

❶見える
❷思われる・感じられる
❸（人に）見られる
❹会う
❺（女性が）結婚する・妻となる

「自発」は❶・❷。自然にそう見る⬇❶「見える」です。自然にそう見える＝そう思ったのですね。❷「思われる・感じられる」です。たとえば、「彼女はいつも幸せそうに見える（＝思われる）」など。

「受身」は❸「見られる」。人に見られる＝❹「会う」です。

女性が男性に「見られる」「会う」＝古文常識から考えると❺「結婚する」ということです！「女性が男性に顔を見られる」＝「深い仲になる」＝「結婚する」の詳細は⬇p.95。

本当は好きなんだろナァ……
自然にわかる……
〔自発〕見ゆ
お前なんか！
何よ！
じつはお互いに♥
〔受身〕見ゆ
あっ！見られた……
バッタリ会う
やっぱり♪

76 きこゆ(1)【聞こゆ】動 C

❶ 聞こえる
❷ うわさされる・世に知られる
❸ 理解できる

「聞こゆ」＝「聞く」＋「ゆ」。この「ゆ」は「可能・自発」と考えましょう。「聞くことができる」「自然と聞こえてくる」⬇❶「聞こえる」。

たくさん「聞こえてくる」⬇❷「うわさされている」ということは、❷「世に知られ」ますよね。

その「評判のうわさ」を聞いて、「そうなんだ」と❸「理解できる」のです。

〔可能・自発〕
あの2人あやしいよね
ケンカばかりの2人
あの2人、つきあってるらしい
うわさされ
周知になる
理解できる
やっぱりそうか聞こえてきてたもんナァ
本当は……

77 きこゆ(2)【聞こゆ】動 A

❶ 申し上げる《「言ふ」の謙譲語》
❷ （手紙を）差し上げる《「やる」の謙譲語》

殿に聞こえるように申し上げる。「きこゆ」は申し上げる相手（この場合は「殿」）に対する敬意です

「きこゆ」には、「普通の動詞」と「敬語」があります。76の(1)は「普通の動詞」、この(2)は「敬語」です。意味は全く違いますが、「聞く」＋「ゆ」は同じ。「相手に聞こえるようにする（⬆相手に聞かれる・相手が聞くことができる・相手に自然と聞こえる）」⬇❶「申し上げる」。「相手に聞こえるように申し上げる」とイメージできればＯＫ！

直接言えない場合は、❷「（手紙を）差し上げる」です。

「謙譲の補助動詞」の用法もありますが、それは⬇p.150であらためて説明します。

「～なし」が「～無し」の単語

「～なし」＝「～がはなはだしい」

「～なし」＝「～無し」のイメージが強いと思いますが、中には意味を強めて「～の状態である」という意味の形容詞を作るものがあります。要は「無し」とは全く逆！「very」が後ろについているイメージの単語ですので、意味を覚えるなら「なし」を消してしまうほうがいいくらい。そんな単語を7個ご紹介！

「いとけなき帝」とは？

――「幼い天皇」ですね！

78 いとけなし【幼けなし】形 B

❶ 幼い

「いとけなし」は「幼け」なことがはなはだしい⬇「幼い」！

幼（いと）けなし

「いときなし」とも言います。「幼きなし」で、もちろん「幼い」の意味です（この「なし」も「はなはだしい」⬇無視してOK！）。

同義 いはけ（ワ）なし【稚けなし】形 ⬇p.50 ❶ 幼稚だ

79 いはけなし【稚けなし】形 B

❶ 幼稚だ

「いはけなし」は「幼稚なことがはなはだしい」➡「幼稚だ」です。「very 幼稚」ですが、意味を覚えるときは、「なし」を無視してOK！

稚けなし

やっぱり「無視」！

「幼けなし」も「稚けなし」も、漢字でおさえておきましょう！

幼い

いはけなし
＝
いとけなし

⇔

大人っぽい

おとなし

同義 いとけなし【幼けなし】形 ➡p.49 ❶ 幼い

対義 おとなし【大人し】形 ➡p.62 ❶ 大人びている ❷ 思慮分別がある ❸ おもだっている・中心となる

---

80 うしろめたなし【後ろめたなし】形 C

❶ 不安だ・気がかりだ

「うしろめたなし」は「うしろめたし」と全く同じ意味。「うしろめたし」は「後ろ目痛し」「後ろ辺痛し」が語源で、「後ろのほう、つまり見えない場所が気になって不安」が原義でしたね ➡p.34。

うしろめたなし

「うしろめたし」の語幹と一緒！

後ろが見えなくて不安

うしろめたし
＝
うしろめたなし

⇔

後ろは安心！

うしろやすし
（後ろ安し）

対義 うしろやすし【後ろ安し】形 ➡p.34

❶ 安心できる

81 おぼつかなし 形 A

❶ はっきりしない
❷ 気がかりだ・不安だ
❸ 待ち遠しい

「ぼんやりした月」のことを「おぼろ月」といいますよね。その「おぼ」に「あはつかなり（＝はっきりしない）」の「つか」がくっついて「おぼつか」です。よって、「なし」を無視して、「おぼつか」＝「はっきりしない・ぼんやりしている」が原義。

ですが、私は受験生で現役の頃、「おぼつかなし」＝「**覚束無（おぼつかな）し**」と覚えていました。「**覚えている記憶の束が無い**」⬇❶「はっきりしない」ですよね。はっきりしない⬇❷「気がかりだ・不安だ」⬇❸「待ち遠しい」。「おぼつかなし」の「なし」には「無い」の意味はないので、まず正しい説明を書きましたが、授業では「覚束なし」から説明しています。「あはつかなり」といわれても、ピンときませんからね。

皆さんも、覚えやすいほうで記憶してください。

同義 **こころもとなし【心許なし】** 形 ⬇p.80
❶ はっきりしない ❷ 気がかりだ・不安だ
❸ 待ち遠しい・じれったい

第4節

おぼろ月
＝
ぼんやりしていて
はっきりしない 月

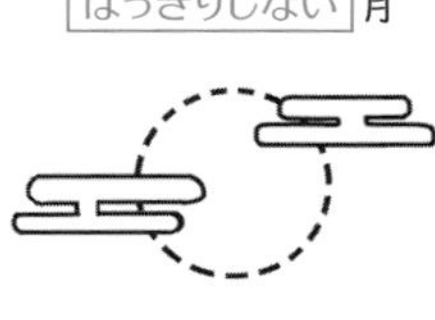

おぼつかなし
＝
はっきりしない

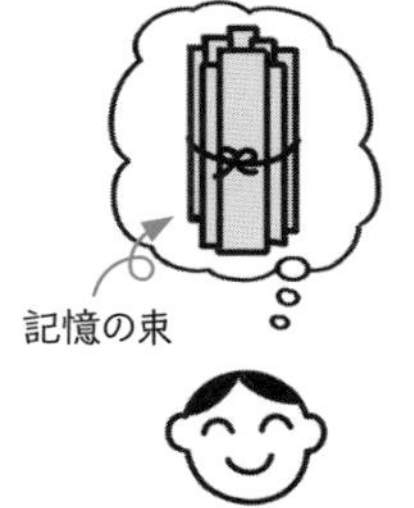

覚えていた束がなくなる
＝
はっきりしない

気がかり 不安な 状態

何だっけ？

ウーン

待ち遠しい

82 しどけなし 形 B

❶ だらしない・乱れている
❷ 無造作だ・うちとけた様子だ

「しどろもどろ」の「しど」の語源は、「しどけなし」の「しど」。「しどろもどろ」=何を言っているのかよくわからない乱れた様子ですよね。「しどけ」は「だらしない・乱れている」という意味。「なし」は無視してOK⬇「しどけなし」も❶「だらしない・乱れている」。

ところで、きちんとしすぎていたら気疲れしませんか？ いい意味で「乱れている」のが、心を許した❷「無造作な・うちとけた」様子です。

しどろもどろ
しどけなし
えっと……
あの……
○×△#……

83 はしたなし【端なし】形 A

❶ 中途半端だ
❷ みっともない
❸ そっけない・愛想がない
❹ (雨や風が) 激しい

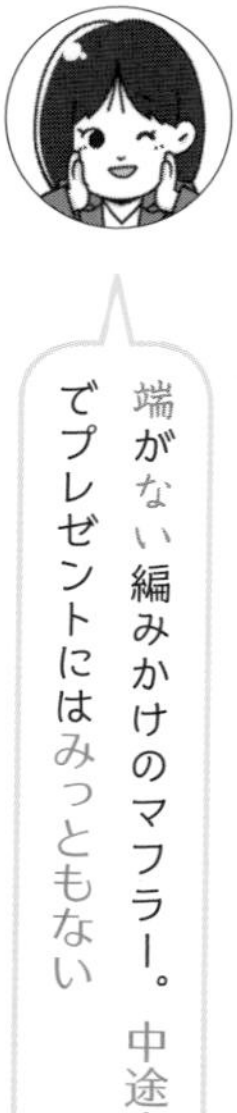

端がない編みかけのマフラー。中途半端でプレゼントにはみっともない

「はした」は「どっちつかずで落ち着かない中途半端なこと」や「数が半端なこと（=「はした金」の「はした」）」。「はしたなし」も「**いかにも中途半端な様子**」が原義です。❶「中途半端」だと❷「みっともない」ですよね。この❶・❷が大事！

店員の❸「そっけない・愛想がない」態度はみっともないですよね。

旅行の日に❹「(雨や風が) 激しい」なんて神様も愛想がない、と、ムリヤリ感満載ですが……覚える手助けになりそうなら使ってくださいね。

84 むくつけなし 形 B

❶ 気味が悪い
❷ 無骨である・無風流だ

「むくつけなし」は「むくつけし」と全く同じ意味！

むくつけなし

「むくつけし」の語幹と一緒！

……といわれても、「むくつけし」の意味がわからないと不明ですよね。

「ムクドリ」という、くちばしと足がオレンジ色で、体が灰色の鳥、知っていますか？　夕方に大群で現れ、ギャーギャー鳴き声をあげる、騒がしい鳥です。「ムクドリ」の語源の1つに「むくつけき鳥」という説があります。大量の鳥の軍団がギャーギャー騒いでいるのはけっこう❶「気味が悪い」ですよね。

ちなみに江戸時代、江戸に住む人たちは、出稼ぎに来た田舎者のことを「ギャーギャー騒ぐ❷無風流な人間」➡「ムクドリ」と呼んでバカにしたそうです。「むくつけき鳥」の「ムクドリ」は「気味が悪くて無風流」と思われていたようです。

同義 むつかし【難し】形 ➡p.102 ❶気味が悪い　など

第5節 セットで覚える単語

例文リスト ⬇p.225

同音異義語

85

しのぶ【忍ぶ】動 A

❶ 我慢する
❷ 隠す・人目を避ける

「しのぶ」には、別単語として2語あります。

まずは「忍ぶ」。「忍耐」の「忍」で❶「我慢する」です。❷「隠す・人目を避ける」は、「忍者」の「忍」。「大物芸能人カップルがお忍び旅行」なんて使ったりしますね。

同義 **ねんず**【念ず】動 ⬇p.16 ❶心の中で祈る ❷我慢する

たふ【堪ふ・耐ふ】動 ❶我慢する ❷能力がある

みそかなり【密かなり】形動 ⬇p.36

❶ ひそかだ・こっそりとしている

86

しのぶ【偲ぶ】動 A

❶ 思い慕う・恋う・懐かしむ
❷ 賞美する

「偲ぶ」は「心ひかれる」。心ひかれて思い慕う。心ひかれて賞美する

もう1つは「偲ぶ」。「人偏」+「思う」⬇「人が思う」です。今でも「○○さんを偲んで……」などと使いますね。対象によって、「思い慕う」「恋う」「懐かしむ」などに訳し分けているだけであって、「好きだ」「心ひかれる」と思う気持ちは同じです。「ステキだな」と心ひかれて、❷「賞美する」のですね。

87 ながむ【眺む】動 A

❶ 物思いにふける
❷ 遠くを見る・見渡す

イメージ ポツーンとひとりで川を眺めて物思いにふける人

「ながむ」も別単語で2つ。

まずは「眺む」。現代語の「眺める」と同じく❷「遠くを見る」という意味もありますが、大事なのは❶「物思いにふける」です。ひとりでぼんやりと海や川を眺めている人を想像してみてください。なんだかさみしい感じ、物思いにふけっている感じが漂ってきますよね。

「眺む」は、「物思いにふける」をしっかりおさえておきましょう！

88 ながむ【詠む】動 C

❶ 詩歌を、節をつけて詠む・吟じる

吟じるときには、なが～く息を吸ってから！「あ～し～ひ～き～の～～～」となが～く詠もう！

もう1つの「ながむ」は「詠む」。こちらは漢字で覚えておくと便利ですね。「詩歌を詠む」です。

まず息を長～く吸って、声を長～く引っぱって詩歌を詠むのです。「ながむ」は、その「長～く」からきています。

そのように詠むことを「吟じる」といいますよ。

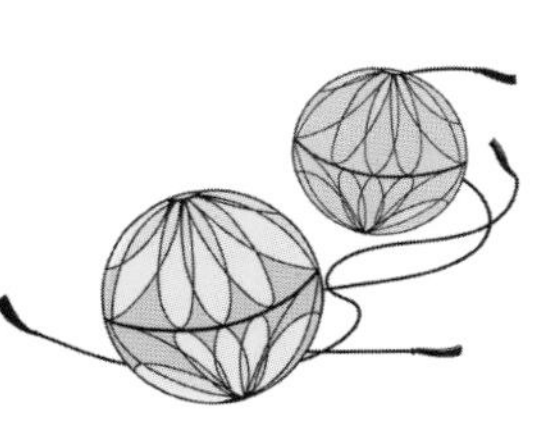

89

さうなし（ソウ）【双無し】形 A

❶ 並ぶものがない・比べるものがない
　この上ない

「双無き料理人」とあれば、こんなに腕のよい料理人は他にはいないということですね。この上なくすばらしいシェフです！

「さうなし」も2つ。

1つめは「双無し」。「双子」の「双」。つまり、「双」＝「二つ」です。

「双無し」は「二つとない」⬇「並ぶものがない・比べるものがない」＝「この上ない」ということですね。

「天下無双」などの「無双」も同じですよ！

90

さうなし（ソウ）【左右無し】形 A

❶ どうとも決まらない
❷ ためらわない・考えるまでもない

もう1つの「さうなし」は、「左右無し」。

「左右無し」の❶と❷の意味、正反対ですよね。

❶「どうとも決まらない」は、左右にしか道がないのに、どちらにも行けないイメージ。どちらかに行きたくても行けなくて、「どうしよう」ってためらいますよね。

❷「ためらわない」は、左右と前に3本の道があり、「左右が×」とイメージしましょう。考えるまでもなく「前」に進むのみ、ですね。

《❶の場合》

同義語

91 いそぐ【急ぐ】動 B

❶ 準備する
❷ 急ぐ

たとえば、部活の試合などで「急いで」朝早く家を出なければいけないとき、前夜にそれなりの❶「準備」をしておきますよね？　突然呼び出されて、出かけなければいけないときも「急いで準備」しますね。

このイメージで、「急ぐ」＝「準備する」を頭に入れましょう。

関連 **いそぎ**【急ぎ】名 ❶ 準備 ❷ 急ぐこと

したたむ【認む】名 ❶ 整理する ❷ 用意する

第5節

92 まうく【設く・儲く】動 B

❶ 準備する

漢字で「設く」。「設置」の「設」。

キャンプ場で夜泊まる「準備」としてテントを設置しますね。「儲く」もありますが、お金をもうけるためには、様々な「準備をする」ことが必要です。

関連 **まうけ**【設け・儲け】名

❶ 準備 ❷ ごちそうの準備・もてなし ❸ 食事

まうけのきみ【儲けの君】名 ❶ 皇太子

天皇になる準備をする

93 あるじまうけ【饗設け】名 B

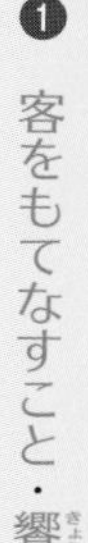
❶ 客をもてなすこと・饗応（きょうおう）

主人がまうけて（＝準備して）おもてなし♪

「あるじ」は「主人」、「まうけ」は「ごちそうの準備」のことです。よって、「あるじまうけ」＝「あるじ（＝主人）がごちそうの準備をする」＝「客をもてなすこと・饗応」です。

「おもてなし」はあるじ（＝主人）がまうく（＝準備する）！

94 あるじす【饗す】動 B

❶ 主人として人をもてなす・ごちそうする 饗応する

主人が「するぞーっ！」とおもてなし♪

漢字で「饗す」。「饗応（＝ごちそうしてもてなすこと）」の「饗」ですね。

私は「あるじす」＝「主人として何かをする」、「何か」＝「ごちそう」⬇「主人としてお客さんにごちそうをする」と覚えていました。

95

なまめく【艶く】動 B

❶ 若々しく美しい
❷ 優美だ
❸ 色っぽくふるまう

イメージ 「生」はフレッシュ！ 若々しく美しいイメージです

「なまめく」は「なま」（＝未熟・不完全・若い）という言葉の派生語です。「なま」は漢字で「生」。「ゆで卵」を作るとして、「生卵」は未熟で不完全な状態ですよね。また、若い子どもはまだまだ未熟な存在。「なま」から派生してできた「なまめく」の意味は、「なま」の➕の意味「若い」を反映し、❶「若々しく美しい」です。若くて美しい⬇❷「優美」ですよね。

❸は現代でも使いますので、入試ではまず問われません。❶と❷が大事。

関連 **なま**【生】接頭語
❶（＋名）未熟な・不完全な・若い
❷（＋動）中途半端に～する・なんとなく～する

96

なまめかし【艶かし】形 B

❶ 若々しい
❷ 優美だ
❸ 色っぽい

「なまめかしき姫君」とは？
――「若々しく優美なお姫様」です！

「なまめかし」は、動詞「なまめく」に対応する形容詞。「若々しく美しい様子」が原義です。そのまま❶「若々しい」です。

その「若々しさ」が美しく❷「優美」なのです。

現代の私たちが「なまめかしい女性」のように使う❸「色っぽい」という意味よりも、原義の❶と❷をしっかりおさえましょう。

同義 **やさし**【優し】形 ⬇p.88 ❶優美だ　など
いう（ユウ）**なり**【優なり】形動 ⬇p.35 ❶すぐれている ❷優雅だ
えんなり【艶なり】形動 ❶優美だ ❷色っぽい

97

めづ【愛づ】動 A

❶ 愛する
❷ ほめる
❸ 気に入る

お気に入りの愛する人がいれば、ほめまくろう！

漢字「愛づ」で覚えれば、❶「愛する」はそのままですね。「愛する」ものなら、人でも物でも❷「ほめる」よね。「愛する」もの＝❸「気に入る」ものです。

98

めでたし 形 A

❶ 魅力的だ
❷ すばらしい

「めでたし」は、動詞「めづ【愛づ】」＋形容詞「いたし【甚し】」の略と考えられています。「愛づ」は「愛する」、「いたし」は「程度がはなはだしい」。よって、「愛で甚し」＝「はなはだしく愛すべきさま」が原義。

「とても愛せるもの」は、❶「魅力的」で❷「すばらしい」ですよね。

99

めづらし【珍し】形 B

❶ すばらしい
❷ 愛らしい
❸ 目新しい
❹ めずらしい

「めづらし」は、動詞「めづ【愛づ】」に対応する形容詞。そこから「めづらし」は称賛すべき様子・愛する様子を表します。❶「すばらしい」、❷「愛らしい」です。これらが大事。❸「目新しい」ものは❹「めずらしい」ですね。

100

わびし【侘びし】形 A

❶ 苦しい
❷ さびしい
❸ 貧しい

イメージ
すっごく仲よくて密かに好きだった人に恋人ができて「わびし〜」⬇苦し〜
かつて都だった街が、遷都（せんと）のあとから人がいなくなり「わびし〜」⬇さみし〜
給料日にはパンパンだった財布の残金がヤバいことに……「わびし〜」⬇貧し〜

「わびし」の原義は「**本来あった活気などが失われ、ひっそりした心細い感じ**」で、現代語の「わびしい」と同じ意味です。

たとえば「片思いはわびしい（＝❶苦しい）」「わびしい（＝❷さびしい）風景だな〜」「こんなわびしい（＝❸貧しい）生活、もうイヤだ……」など。

この「わびし」を土台にして、次の「わぶ」をセットで覚えましょう。動詞「わぶ」は、形容詞「わびし」に対応しますよ。

101

わぶ【侘ぶ】動 B

❶ 思い悩む
❷ さびしく思う
❸ 落ちぶれる
❹ （「動＋わぶ」の形で）〜して思い悩む・〜しかねる・〜しにくくなる

イメージ「う〜っ (>_<)」と苦しむイメージ（悩んで「う〜っ」、さびしくて「う〜っ」、落ちぶれて「う〜っ」）

「わぶ」の意味は、「わびし」から簡単にわかります。
「**苦しい**」⬇「苦しく考える」＝❶「思い悩む」。
「**さびしい**」⬇❷「さびしく思う」。
「**貧しい**」⬇「貧しくなる」＝❸「落ちぶれる」です。

入試でよく出るひっかけは「わびて」（動詞「わぶ」の連用形＋接続助詞「て」）の解釈。古文で「わびて」なら、「思い悩んで」「さびしく思って」「落ちぶれて」です。現代語に引っ張られて「謝罪して」などの選択肢を選ばないようにしましょう。

動詞につくと、たとえば「恋ひわぶ」＝「恋しくて思い悩む」、「住みわぶ」＝「住みにくくなる」などの訳になります。

102 おとなし【大人し】形 A

❶ 大人びている
❷ 思慮分別がある
❸ おもだっている・中心となる

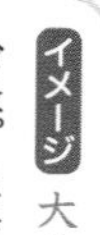

イメージ 大人びていて思慮分別がある生徒会長。生徒の中心的人物です

漢字「大人し」で覚えるとよいのです。「大人らしい」が原義です。❶「大人びている」はそのまま。

精神的に大人になるには❷「思慮分別がある」ことが大事です。

グループの中でいちばん思慮分別がある、精神的に成熟している人が❸「おもだっている・中心となる」ことが理想的ですね。

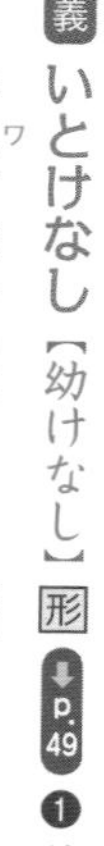

対義 いとけなし【幼けなし】形  p.49 ❶ 幼い

いはけ(ワ)なし【稚けなし】形   p.50 ❶ 幼稚だ

---

103 をさをさし(オオ)【長長し】形 C

❶ 大人びている・しっかりしている

イメージ 部族の「長」。いちばんしっかりしている人がリーダーのはずです

部族のリーダーのことを「長(をさ)」といいます。少数民族のロケ番組などで「この部族の長(をさ)に、まずはあいさつ」などと言っているのを聞いたことはありませんか?

「をさをさし」は、この「長」が2つ重なっています。どんな人に「長」になってほしいですか?

頼りない人だと不安で仕方ありませんよね……。

やはり「しっかりしていて、身も心も大人びている」人でないと、ね!

さすが「長(をさ)」だわ! しっかりしている!!

104

こちたし【言痛し・事痛し】形 A

❶ うるさい
❷ おおげさだ
❸ はなはだ多い

イメージ 熱湯風呂に落ちた芸人さん! 万一、適温だとしてもリアルにうるさくおおげさなリアクションができるのがプロです

漢字で「言痛し・事痛し」。もともとは「こといたし」で「言葉(口数)が多くて耳が痛い様子」、もしくは、「事が多くてわずらわしい様子」が原義です。

「言葉」のほうが❶「うるさい」、「事」のほうが❷「おおげさだ」です。

どちらも、必要以上に「多い」からイヤなのです。そこから❸「はなはだ多い」ですね。

「こちたし」は、リアクション芸人さんたちのイメージ。「うるさくおおげさ」なリアクションを求められるのです。普通のリアクションよりも、より言葉も動作も多く、大きくリアクション!

105

ことごとし【事事し】形 C

❶ おおげさだ・仰々(ぎょうぎょう)しい

あまりにも「事」を重ねると、おおげさです

漢字で「事事し」。「事」が2つ重なっています。「事が多くてわずらわしい」⬇「おおげさだ・仰々しい」という意味です。「大事だよ」と一度言われたらわかりますが、「大事だよ、大事だよ、ねえ、大事だよ!」と何度も言われると、「大事なのはわかったよ、おおげさだな……」となりますよね。

第5節

106 うち【内】名 A

❶ 宮中・内裏(だいり)
❷ 天皇

「うち」にはたくさんの意味がありますが、重要なのは❶「宮中・内裏」と❷「天皇」です。❶のとき、漢字を「内裏(うち)」と書く場合もありますが、そのままなのでありがたいくらいですね。宮中は❷「天皇」の住居です。

他に、「家や部屋の内部」「心の内＝心の中」「区域内」「〜以内」などの意味がありますが、「宮中」と「天皇」が大事！

107 うへ(エ)【上】名 B

❶ 天皇
❷ 天皇の御座所(ございしょ)・殿上の間(てんじょうのま)
❸ 貴人の奥様・夫人
❹ 〜（の）こと

「うへ」もたくさんの意味がありますが、「**身分的に上**」関連の意味が大事です。古文の時代にいちばん「上」の位といえば、❶「天皇」ですよね。その❷「天皇の御座所（いらっしゃる場所）」も「うへ」と表しました。「清涼殿(せいりょうでん)（＝天皇がいらっしゃるところ）」だけではなく、その南側にある「殿上の間」⬇p.162を指す場合も。当時、女性が上の身分になる方法は「玉の輿(こし)」＝❸「貴人の奥様・夫人」になることですね。❹は「身の上話」の「上」です。「自分のことの話」ですね。

108 おほやけ(オ)【公】名 B

❶ 天皇
❷ 朝廷(ちょうてい)・政府
❸ 公共・国家

おほやけ（＝大きな家）に住んでいるのは「天皇」です。「朝廷」は天皇を中心に政治を行う場所ですね

「おほやけ」は「**大家**(おほやけ)」や「**大宅**(おほやけ)」、つまり「**大きな家**」という意味です。「大きな家」⬇「皇居」⬇「天皇」という発想で❶「天皇」の意味ができました。

現在の国会議事堂も「大きな建物」ですね。「大きな家（建物）」⬇❷「朝廷・政府」。

漢字「公」から、❸「公共・国家」はそのまま。この反対は「**私**(わたくし)（＝私的）」です。公立⬍私立のように、今でも使いますね。

109 よし【由】名 A

❶ 理由
❷ 由緒
❸ 風情・趣
❹ 縁・ゆかり
❺ 手段・方法
❻ 〜とのこと

漢字「由」は❶「理由」、❷「由緒」の「由」です。由緒がある神社やお寺には❸「風情・趣」がありますね。人との縁は「前世からの運命」だと考えられていました。家族や恋人、様々な人との❹「縁・ゆかり」は、何かしらの出逢うべき「理由」があると。❶〜❹は110の「ゆゑ【故】」と同じです。

❺「手段・方法」の意味がとっても大事！「逢ふよしもなし」＝「恋人に逢う手段もない」などのように使います。

また、「書くべきよし」＝「書けとのこと」のように、❻「〜とのこと」も文中によく出てきます。

対義 **よしなし**【由無し】形

❶ 理由がない ❷ 手段がない ❸ ゆかりがない ❹ 無益だ ❺ くだらない

第5節

---

110 ゆゑ（エ）【故】名 B

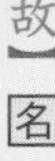

❶ 原因・理由
❷ 由緒
❸ 風情・趣
❹ 縁故・ゆかり

増上寺（ぞうじょうじ）が風情がある故（ゆえ）（＝理由）は、由緒ある徳川家のゆかりの寺だからですね！

❶は「何ゆえ？」と、今でも使いますね。現代語と同じなのでわざわざ覚える必要もないのですが、古文でもこの意味でかなり使われますので、赤字にしておきました。

❶〜❹は、109の「よし【由】」と同じです。「ゆゑ」は「よし」とセットで覚えましょう。

関連 **ゆゑゆゑし**（エエ）【故故し】形

❶ 由緒がありそうだ・優雅だ

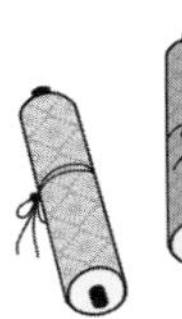

111

ためらふ(ロ)(ウ)【躊躇ふ】動 C

❶ 心を静める・体を休める
❷ ためらう

ためらうことがあれば、ひとまず心と体を休めてリフレッシュ♪

「ためらふ」には現代語と同じ❷「ためらう」の意味もありますが、同じなので、別に覚える必要はないですよね。

大事なのは、いうまでもなく❶「心を静める・体を休める」です。

この「ためらふ」は、112の「やすらふ」とセットで覚えると便利！「同義語」ですが、覚える際にちょっぴりコツがありますよ。詳細は112で！

112

やすらふ(ロ)(ウ)【休らふ】動 B

❶ ためらう
❷ 休む・休憩する

「やすらふ」と「ためらふ」は、古語と大事なほうの現代語訳をクロスさせましょう。

「ためらふ」と「やすらふ」はセットで、「ためらふ」は現代語の「休む」、「やすらふ」は現代語の「ためらう」。

右の図で頭に入れておくと便利ですね。

それぞれ、そのままの意味も持っていますが、それは覚えなくても問題ないですよね。

対義語

113 はかなし【果(敢)無し】形 A

❶ はかない・頼りない
❷ 無益だ
❸ たわいもない
❹ たいしたことない

「今日も無益だ。仕事がはかどらない」と嘆くたいしたことない上司。「この頼りない上司より早く出世するのはたわいもない」と思うデキる部下

「はかなし」の「はか」は「仕事がはかどる」の「はか」です。それが「無い」ということ。よって、「はかなし」は「(仕事が)はかどることがない」⬇「無益で頼りない感じ」が原義です。

❶「頼りない」、❷「無益だ」は原義そのままです。

「頼りない敵」ならば、そんな敵を倒すのは❸「たわいもない」ですよね。そんな敵は❹「たいしたことない」ですから。

114 はかばかし【果果し・捗捗し】形 A

❶ すらすらはかどる・てきぱきしている
❷ はっきりしている
❸ しっかりしている

「はかばかし」は、「(仕事が)はかどるはかどる」です。よって、❶「すらすらはかどる」ですね。つまり、動きが「てきぱきしている」のです。

てきぱき仕事がデキる人の指示って、とても❷「はっきりしている」ものです。その人たちは、❸「しっかりしている」からですよね。

115 つきづきし【付き付きし】形 B

❶ 似つかわしい・ふさわしい

「付く」＝「ぴったり合う」という意味の動詞が2つ重なって「付き付きし」です。「いかにもぴったりな様子」が原義です。

いかにもピッタリなカップルは「お似合い」で、カップルとして「ふさわしい」ですね。

付き付きし
ふさわしい2人

くっつくことはないナ

付きなし
カップルとしてふさわしくない

116 つきなし【付き無し】形 C

❶ 似つかわしくない・ふさわしくない

「つきづきし」の対義語。「付き無し」は「**ぴったりくっつくことがない**」のです。よって、「似つかわしくない・ふさわしくない」です。

---

117 なさけ【情け】名 B

❶ 人情・思いやり
❷ 風流心・情趣
❸ 愛情・恋心

「なさけある人」とあれば、「思いやりがある人」や「風流心のある人」の意味が多いんです

「なさけ」は「情け」。❶「人情」、❷「情趣」、❸「愛情」です。

118 なさけなし【情け無し】形 B

❶ 思いやりがない
❷ 無風流（ぶふうりゅう）だ
❸ 嘆かわしい

「情け」が「無い」のです。「なさけ」の❶・❷を否定すると、❶「思いやりがない」、❷「無風流だ」となります。
❸「嘆かわしい」は今でも使うので覚えなくて大丈夫ですね。

119

ことわり【理】名 A

❶ 道理
❷ 理由

理（ことわり）

漢字がわかればカンタンですね。「道理・理由」です！

「ことわり」は漢字「理」で覚えるとおトク！

❶「道理」と❷「理由」の「理」ですね。❶が超重要。

「道理」とは「**ものごとの正しい筋道**」のこと。「道理がわかる」などのように使います。

関連 **ことわりなり**【理なり】形動

❶ 道理だ・もっともだ

入試前日に遊びの誘いをことわり、勉強するのは道理だよね！

120

わりなし【理無し】形 A

❶ 無理だ・道理に合わない
❷ つらい
❸ やむを得ない
❹ 並大抵ではない
❺ すばらしい

「理無し」の漢字を上下反対にすると「無理」ですね！

「わり」は「理（ことわり）」。「わりなし」は「道理がない」という意味。「**道理に合わず自分の心の中で判断がつけられない状態**」が原義です。要は、❶「無理だ・道理に合わない」なのです。

心がそんな状態になると❷「つらい」けど、そんなときでも判断しなければならないとしたら、❸「やむを得ず」判断しますね。

そんな判断をするつらさは❹「並大抵ではない」でしょう。

また、判断がつけられないほど❺「すばらしい」という➕の意味もあります。

121 かたほなり【偏なり・片秀なり】形動 C

❶ 不十分だ・未熟だ

「かたほ」＝「かたほう（片方）しかいないと不十分だ」と、私は覚えました。

漫才は2人でするものです。舞台に片方（1人）しかいなかったら、漫談や落語はできたとしても、漫才はできません。漫才をするには「不十分な」状況です。

そして、たとえいくら2人でそろっていても、漫才の腕が不十分だと漫才師として「未熟」ですね。

漫才コンクール

かたほ うしかいない

不十分な状況

できない……

漫才コンクール

かたほ うしかいないのとあまり変わらない……

なんで沈黙!? 早くボケろ！

セリフ忘れた……

未熟な相方

122 まほなり【真秀なり・真目なり】形動 C

❶ 完全だ・よく整っている
❷ まともだ

漢字で「真秀」。「真」は「正確・真実・称賛」などの＋の意味を添える接頭語。「秀」は「先端など抜き出て目立つところ」が原義（「稲の穂」などの「穂」も同じ語源です）。

よって、「まほ」は「＋に抜きん出ている」ということで、❶「完全だ・よく整っている」、❷「まともだ」です。

いろいろ書きましたが、私は、「まほ」は「かたほ（＝不十分）」の反対⬇「完全ペキ！」とセットで覚えました。

かたほ ⟷ まほ

完全

123 なのめなり【斜めなり】形動 B

❶ いいかげんだ
❷ 平凡だ
❸（中世以降「なのめならず」と同じく）並ひと通りでない・格別だ

「斜め」だといいかげんだけど、それくらいが平凡な日常

「なのめ」は「斜め」です。

たとえば、展覧会で絵が斜めにゆがんで展示されていたら、それは❶「いいかげん」ですよね。

ですが、日常生活においては「きっちり完璧」なんてほぼなくて（学校で、机やイスが縦横ビシっと1ミリも違わずに並んでいるなんて、まずありませんよね?）、多少ゆがんでいるくらいが「普通」のはずです。そこから❷「平凡だ」です。

❸は、124の「なのめならず」と同じ意味として使用するようにもなりました。詳細は124を参照。

---

124 なのめならず【斜めならず】連語 B

❶ 並ひと通りでない・格別だ

斜めにならず完璧な状態は並ひと通りじゃなく格別です!

「なのめなり」に「ず」がついた言葉。「なのめなり」は「斜め」⬇「いいかげん」ですが、それは「普通・ありふれた・平凡」でしたね。それを打消しているので、「なのめならず」は「並ひと通りでない・格別だ」です。

「なのめなり」は、この「なのめならず」の形でよく使用されたため、「なのめなり」だけでもこの「なのめならず」と同じ意味でも使うようになっていきました（「なのめなり」の❸）。

よって、123の「なのめなり」の意味が、「いいかげん」か「平凡」か「格別」かは、**文脈判断が必要**です。

一方、「なのめならず」は「格別」のみです!

「対義語」だけど同じ意味も!

125

おもておこし【面起こし】名 C

❶ 面目をほどこすこと（＝名誉を立派に保つこと）

「おもて」＝「面」。「面」は「面目・顔」のこと（お祭りで「おめん」って売っていますよね。おもにキャラクターものの顔につけるアレです）。

「面起こし」＝「顔を起こす」⬇「顔を上げる」＝➕イメージです。「面目（＝名誉）」が➕なのです。よって、「面目をほどこす」ということ。

関連 **おもだたし**【面立たし】形 ❶ 名誉だ

面目をほどこす

面目を失う

126

おもてぶせ【面伏せ】名 C

❶ 面目を失うこと

「面」を「伏せ」るのです。つまり、「顔を伏せる」＝➖イメージですよね。「面目」が➖＝「面目を失う」ということ。

127

よもすがら【夜もすがら】副 B

❶ ひと晩中・夜通し

「すがら」＝「始めから終わりまでずっと」という意味の接尾語です。

「夜もすがら」は「夜の始めから終わりまでずっと」⬇「ひと晩中・夜通し」ということですね。

よもすがら（ひと晩中）⇔ ひねもす（一日中）

同義 **よひとよ**【夜一夜】名 ❶ ひと晩中

128

ひねもす【終日】副 C

❶ 朝から晩まで・一日中

漢字がわかればそのままですが、127「よもすがら」の対義語だと覚えると、「ひねもす」は「朝から晩まで・一日中」だとわかりますね。

同義 **ひひとひ**【日一日】名 ❶ 一日中

「出家系」の単語

＊「出家（＝世俗の生活を捨てて仏門に入ること）」
（詳細な説明は ⬇p.160 を参照）

「出家する」を表す語 1 A

「世」（＝今、生活している「俗世間」）が嫌で、そこから逃げ出したいために「出家する」というところから、「世を❶」＝「出家する」です。6つまとめて「世を❶」で覚えましょう。

「俗世間」のこと

129 世をいづ【世を出づ】
130 世をいとふ【世を厭ふ】　「嫌う」という意味
131 世をかる【世を離る】（「世をはなる」とも）
132 世をすつ【世を捨つ】
133 世をそむく【世を背く】
134 世をのがる【世を遁る】

「もうこんな世で生活するのはイヤっ！出家してやる～」という気持ちですね

「出家する」を表す語 2 A

「出家する」（＝お坊さん・尼さんになる）と、服装や髪形などの見た目が変わりますよね。「見た目が変わる」＝「出家する」の意味になる語です。

135 さま（を）かふ【様（を）変ふ】
136 かたちをかふ【形を変ふ】
137 かしらおろす【頭下ろす】
「頭髪をそる＝剃髪（ていはつ）する」という意味⬇「出家する」

138 みぐしおろす【御髪下ろす】
「みぐし」は「髪」の敬称。同じく「剃髪する」⬇「出家する」

139 やつす【俏す・窶す】
「みすぼらしく姿を変える」⬇「出家する」という意味。ただし、「出家」ではなく、そのまま「みすぼらしく、目立たないように姿を変える」という意味で使用する場合もあるので、要注意。

「出家する」を表す語  C

「真の道＝仏道（ぶつどう）」、「発心（ほっしん）＝仏教心を起こす」を用いた語。

140 **まことのみちにいる**【真の道に入る】

141 **ほつ（ッ）しんす**【発心す】

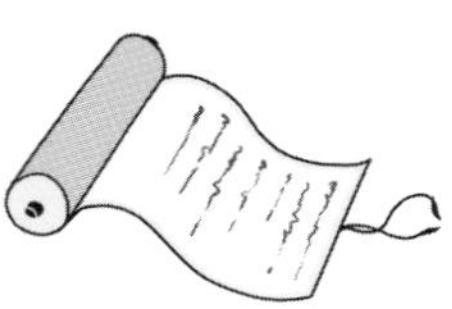

---

142 **おこなふ（オコノウ）**【行ふ】動 A

❶ 仏道修行をする・勤行（ごんぎょう）する　❷ 実行する

出家をして仏道修行を行う！

「おこなふ」の原義は「一定の順序や方式に従って事を進める」です。

運動会やテストを行うときも、決まりがあって事が進んでいきますよね。仏道修行にもそれなりの順序や方式があるのでしょうが、仏典の「修行」を訓読するときに、『おこなふ』と読もう」となったことから、「おこなふ」に「仏道修行」の意味ができたのではと考えられています。

とはいえ、もう、

問 昔「行う」といえば「何を」行う？

答 「仏道修行ーっ!!」

くらいの勢いで覚えておきましょう。

ちなみに、出家してするのが「修行」。出家まではせず、普段お経を読んだりするのが「勤行（ごんぎやう）」です。

関連 **おこなひ（イ）**【行ひ】名 ❶ 仏道修行

143

ほだし【絆】名 B

❶ 自由を束縛するもの
特に、「仏道の妨げとなるもの」
＝親・妻子・恋人など

恋人からの「出家するね」は別れの宣告です。「いや〜、やめてぇ」と泣きついている人＝「ほだし」です

「ほだし」の漢字「絆」は「きずな」ですね。今の生活や人間関係を捨てて「出家」⬇p.160するときに、やはり親・妻子・恋人などの人間関係の絆が強ければ強いほど出家しにくいものです。「ほだし」は、そういう仏道の妨げとなるものを指すことが多いのです。

「ほだし」とは、もともと「馬の足にからませて馬の自由を奪う綱」のことです。そこから「自由を束縛するもの」の意味となり、特に出家する自由を奪うもの＝「親・妻子・恋人」の意味でよく用いるようになりました。

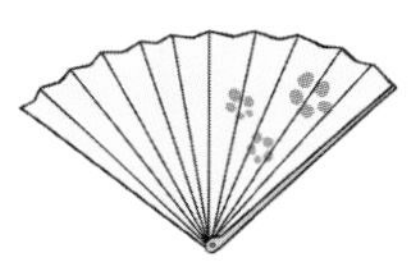

「病気系」の単語

144
なやむ【悩む】動 B

❶ 病気になる　❷ 困る・苦しむ

あまりにも悩みすぎると体調不良になりますよね。古文では「なやむ」＝❶「病気になる」の意味です。

同義 わづらふ（ロウ）【煩ふ】動 ⬇p.97

❶ 苦しむ・悩む　❷ 病気になる

145
いたつく【病く・労く】動 C

❶ 病気になる　❷ 骨を折る・尽力する

漢字で「病く」だとそのまま。「労く」は苦労しすぎて❶「病気になる」というイメージで覚えるとよいですね。ちなみに❷「骨を折る」は「おおいに力を尽くす」の意味で、「ケガの骨折」ではありません。

関連 いたつき【病き・労き】名 ⬇p.158

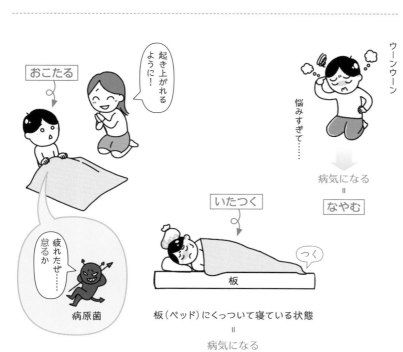

❶ 病気　❷ 苦労

板（ベッド）にくっついて寝ている状態
＝
病気になる

146
れいならず【例ならず】連語 B

❶ いつもと違っている
❷ 病気だ
❸ 妊娠している

「例」は「いつも」という意味。よって、❶は直訳です。「いつもと違って体の調子が悪い」⬇❷「病気だ」の意味があります。

また、「いつもと違う」から、❸「妊娠している」を意味する場合もあります。

なんだかいつもと違うナァ
フラフラ
ハァハァ
発熱中（病気）

関連 **ここちれいならず**【心地例ならず】連語 ❶病気だ

ここち【心地】名 ⬇p.106

❶気持ち・気分 ❷思慮・考え ❸病気

第5節

147
あつし【篤し】形 C

❶ 病気が重い・病気がちである

なんちゃってゴロ 40度超え!? あつっ、しにそう。病気が重くなるよ

漢字がわかれば「危篤（きとく）」の「篤」ですね。「病気が重い・病気がちである」ことです。

148
おこたる【怠る】動 A

❶ なまける
❷ 病気がよくなる

漢字で「怠る」です。❶「なまける」はそのまま。重要なのは❷「病気がよくなる」です。「病原菌が怠ける」⬇「病気がよくなる」と覚えておきましょう！

昔は、病気の原因は「菌」ではなく、悪霊（あくりょう）や生霊（いきりょう）などの「もののけ」だと考えられていたので、「もののけが怠ける」⬇「病気がよくなる」と覚えてもOK！

＊「おこたる」のイメージは、前ページ下段を参照。

「死ぬ」を表す単語

149 **うす**【失す】動 A
❶ 消え去る・いなくなる
❷ 死ぬ

「紛失」の「失」ですね。❶はそのままです。「人が紛失する」＝「消え去る・いなくなる」ですね。
❷「死ぬ」は、「この世から紛失する」と覚えておきましょう。
❷がとても大事なので「人が失す」を、いつでも「死ぬ」にしてしまう人がいます。ですが、❶のように「消息不明・行方不明」の場合もあるので気をつけましょう。

150 **かくる**【隠る】動 C
❶ 隠れる
❷ 死ぬ

「この世から隠れる」⬇❷「死ぬ」です。

151 **みまかる**【身罷る】動 B
❶ 死ぬ

「身」（＝身体）から魂が「まかる」（＝退出する ⬇p.146）
⬇「死ぬ」と覚えておくとよいでしょう。

その他の「死ぬ」の婉曲表現

152 **はかなくなる**【果敢無く成る】連語 B
153 **むなしくなる**【空しく成る】連語 C
154 **いかにもなる**【如何にも成る】連語 C
155 **いたづらになる**【徒らに成る】連語 C
ただ単に「無駄になる・だめになる」の意味も。
156 **あさましくなる** 連語 C
157 **いふかひなくなる**【言ふ甲斐無く成る】連語 C
「（病気が治るようにお祈りしたとしても）どうしようもない状態になってしまった」＝「死ぬ」というイメージ。

「心〜」の単語

158

こころうし【心憂し】形 B

❶ つらい
❷ いやだ

「うし【憂し】」p.18＝❶「つらい」、❷「いやだ」の前に「心」がついただけですね。

159

こころぐるし【心苦し】形 B

❶ つらい
❷ 気がかりだ・心配だ
❸ 気の毒だ

「心」が「苦し」いのです。

自分の場合が❶「つらい」です。

相手の心を考えて苦しい場合は、「大丈夫かな」と❷「心配」ですし、❸「気の毒だ」なと思いますよね。

160

こころづきなし【心付き無し】形 A

❶ 心がひかれない
❷ 気にくわない・不愉快だ

「心」が「付く」ことが「無い」のです。意味は、そのままイメージできますね。

「つきづきし」p.68や「つきなし」p.68の「付く」と同じです。

161

こころづくし【心尽くし】名 B

❶ いろいろと物思いをすること

「心」で「物思い」を「尽くす」のです。

原義は「心で悩みが尽き果てるくらい、いろいろな悩みを考え尽くすこと」。

古文の時代の「こころづくし」には、この❶の意味しかありません。

162

こころにくし【心憎し】形 A

❶ 奥ゆかしい・上品だ
❷（中世以降）警戒すべきだ
❸（近世以降）不審だ

「心にくき姫君」とは？
――「上品で奥ゆかしいお姫様」です

「相手が憎らしく感じられるほど、相手のことをすばらしく思う気持ち」が原義。❶「奥ゆかしい・上品だ」の➕の意味が重要です。

その後、「憎い」と感じるほど相手のことが理解できないと➖になっていって、❷「警戒すべきだ」という意味が生じ、❸「不審だ」という意味で使うようになりました。

ですが、入試では❶がいちばん大事です。「こころにくし」は、まずは➕の意味で！

お隣の上品な奥様はにくいくらい奥ゆかしい人！

163

こころもとなし【心許なし】形 A

❶ はっきりしない
❷ 気がかりだ・不安だ
❸ 待ち遠しい・じれったい

イメージ 受験後の心の動き。合否がはっきりしない⬇不安⬇合格発表がじれったい

「心」に副詞「もとな（＝根拠がなく）」がくっついた言葉が形容詞化したと考えられています。よって、「心に根拠がない」から❶「はっきりしない」。ですが、「もとな」という副詞を元々知っている人は、ほぼいないと思われます。私は、字のごとく「心のもとが無い」と覚えていました。心の根本にする部分がなければ「はっきりしない」ですよね。

たとえば、できが微妙だった入試の結果。合格発表日まで「はっきりしない」と、❷「気がかりで不安」ですね。待っている期間、早く結果が知りたくて❸「待ち遠しくてじれったい」ですよね。

「こころもとなし」と「おぼつかなし」⬇p.51は意味がまったく同じですので、一緒に覚えておくといいですよ。

164 こころばへ（エ）【心延へ】名 C

❶ 心の様子
❷ 風情
❸ 意味

❶「心の様子」はわかりやすいですよね。

❷「風情」は、たとえば「水のこころばへ」＝「水の風情」のように使います。

❸の場合の「こころばへ」の「心」は、今でも「なぞかけ」（「○○とかけて□□と解く」）で「その心（＝意味）は？」と使いますね。

165 こころゆく【心行く】 

❶ 心が晴れる
❷ 満足する

入試で問われることがあるのでいちおう入れましたが、「わざわざ覚えようとしなくてもいいかな」と個人的には思ってしまう単語です。今でも使いますよね。「こころゆくまでお楽しみください！」と聞いたことがあると思います。「こころゆくまで」＝「満足する」までということ。❷「満足する」＝心が⊕の状態になる、つまり❶「心が晴れる」ということです。

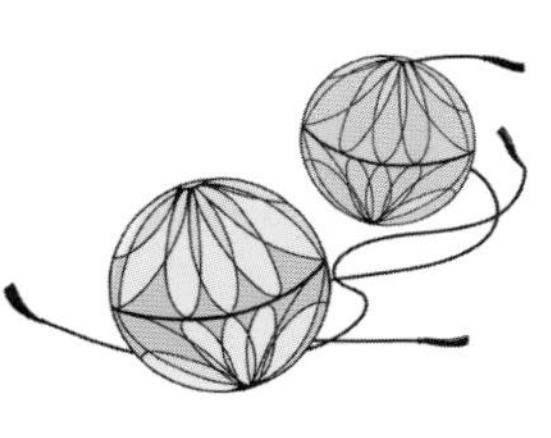

第6節

＋と－の両方の意味がある単語

例文リスト ↓p.235

「さかし」という単語 ↓p.20 を覚えていますか？　漢字で「賢し」でしたね。「かしこい・すぐれている・しっかりしている」という意味の単語。ただし、賢すぎるとちょっと生意気に思われちゃって、「利口ぶる・こざかしい」という－の意味にもなりました。

このように、＋と－の両方の意味がある単語をまとめました。

166

いたし【甚し・痛し】形 B

❶ 程度がはなはだしい
❷ すばらしい
❸ 苦痛だ・つらい

「いたし」は「甚し」。「究極に達する甚(はなは)だしい様子」が原義です。

現代でも「いたく感動しました」のように使いますね。❶「とても」感動したのです。

その「はなはだしさ」が＋だと❷「すばらしい」、－だと❸「苦痛だ・つらい」です。

167

いみじ 形 A

❶ 程度がはなはだしい
❷ すばらしい
❸ ひどい

不吉なことを避ける「忌(い)む」という動詞と同じ語源で、「忌み避けたい感じ」が原義です。そこから、＋だろうが－だろうが、不吉なほどはなはだしいという場合に使いました。

「いみじくほめて……」のように、下にかかっていく言葉があれば「とてもほめて……」と、❶「程度がはなはだしい」の意味で考えればよいです。

ただし「いみじ」のみで使用している場合は、❷「とても＋」なのか、❸「とても－」なのか、文脈で判断しなければいけません。さらに、❷「すばらしい」と❸「ひどい」の訳は、あくまでも例であり、文脈によっては「とてもかわいい」かもしれないし、「とても恐ろしい」かもしれません。

このように、「いみじ」は「単語帳の意味丸暗記」ではとうてい補えない、一筋縄ではいかない単語なのです。

とはいっても、怖がる必要はありません。⊕か⊖かなんて、文章が読めれば絶対にわかります（「それが難しいんだけど……」という人は、そのためにも他の重要単語や文法をしっかり頑張ってくださいね）。どう⊕か、どう⊖かも、現代の普通の感覚で考えればいいだけです。

たとえば、「いみじき絵師といへども、筆限りありければ……」の「いみじき」はどう訳しますか？

「いみじき絵師」だけでは判断不可能ですよね。これだけじゃ⊕か⊖か、どちらの絵師かわかりませんよね。

ここは、「いへども」の「ども」＝逆接がポイント！　もちろん、その後ろがどうなのか、もポイントですよ。「筆には限界がある」＝⊖ですよね。「いみじき絵師」⬆逆接⬇「⊖」から、この「いみじき」は⊕だとわかります。あとは「⊕の絵師」⬇「すばらしい」「すぐれている」「とってもじょうずな」など、どれでもOK！

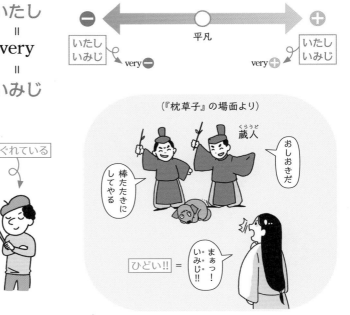

文脈判断

どう⊖？　どう⊕？

いたし ＝ very ＝ いみじ

⊖ ←→ ⊕
平凡

いたし いみじ → very⊖

いたし いみじ → very⊕

筆限りあり……⊖

いみじき⊕ ＝ すぐれている

絵師といへども

（『源氏物語』より）

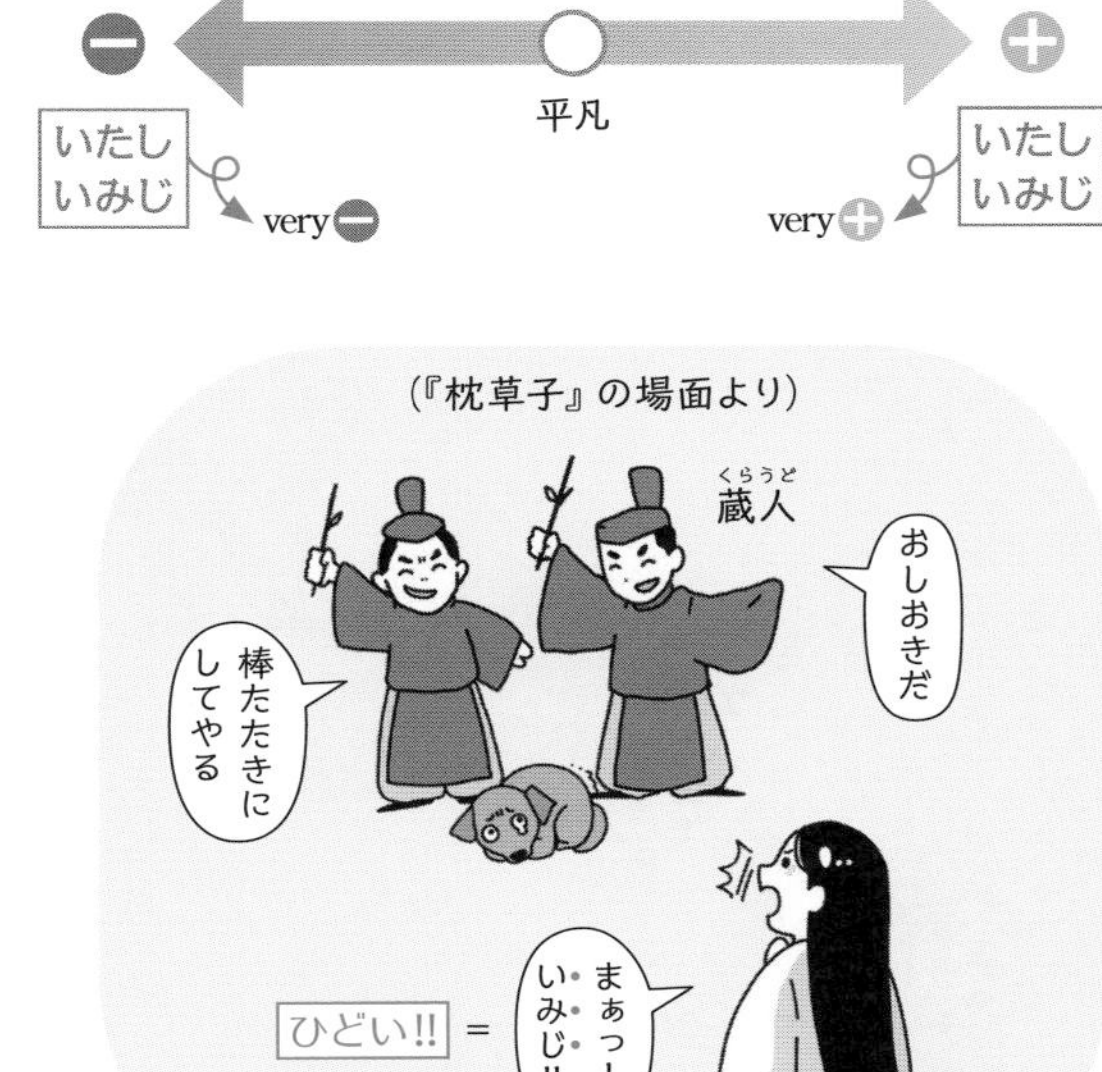

（『枕草子』の場面より）
蔵人（くらうど）
おしおきだ
棒たたきにしてやる
まぁっ！いみじ!!
ひどい!! ＝

168

をかし（オ） 形 A

❶ 趣がある
❷ すぐれている
❸ かわいらしい
❹ こっけいだ・おかしい

原義は「**招き寄せたい感じの様子**」です。

❶「趣がある」もの、❷「すぐれている」もの、❸「かわいらしい」ものは、全部⊕で招き寄せたいですよね。

ですが、「をかし」も、文脈によって⊕になったり⊖になったりします。

❶〜❸のように、⊕でもいろいろな訳がありますし、現代語と同じ❹「こっけいだ・おかしい」にも⊕・⊖両方の場合がありますよね。「おもしろ〜い」という場合の「おかしい」は⊕でしょうし、「そんなの変だよ、おかしいよ」という場合の「おかしい」は⊖ですよね。

よって、「**をかし**」も**文脈勝負**です！

まずは、**⊕なのか⊖なのか**をとるようにしましょう。

入試で意味を問われた場合は、たとえば、⊕であれば、どう⊕なのか文脈を考えて、いちばんぴったりくる訳を考えることが必要です。問題になっていないのであれば、「⊕か⊖か」を捉えて読んでいけばいいですよ。

をかし
=
招き寄せたい
キャー かわいい〜♥
おいでおいで
ミャーミャー
かわいい〜
おいでー♥
バブ！
をかしき人
=
すぐれている
をかし
趣がある
をかし
ワハハ
⊖ 変なの〜 or ⊕ おもしろい

169

あはれ（ワ）なり　形動　A

❶ しみじみとした情趣がある
❷ さびしい
❸ かわいい
❹ 情が深い
❺ すぐれている
❻ かわいそうだ

原義は、**「ああ〜」と思わず嘆声（たんせい）を漏らしてしまいそうな、しみじみとした感動**です。この原義をきちんとおさえておいて、あとは**文脈判断**です。

6個の訳を書きましたが、全部覚えるのは大変ですよね。❶「ああ〜」という「しみじみとした情趣」をしっかりおさえたら、あとは文脈に応じてその場で勝負です！　❷〜❻は、必死に覚えなくてもよいですよ。

現代の私たちが「あわれだな〜」と言えば➖の意味しかありませんが、古文の時代では、**➕でも➖でも使います**。入試で意味を問われたならば、**➕か➖かを判断**しましょう。そこから具体的にどう➕なのか、どう➖なのかを文脈で捉えていく。

意味を問われていなければ、「あはれなり」＝「ああ〜」と大きく捉えて、そのまま文章の続きを読んでいきましょう！

あはれなり
＝
ああ〜
ああ〜 美しい……
ああ〜 なんてかわいいんだ……
しみじみ系
ポツーン
ああ〜 さびしげだなァ
ああ〜 やっぱプロってすごいなァ

170 あさまし 形 A

❶ 驚きあきれる
❷ 情けない
❸ 程度がはなはだしい・ひどい

「⊕だろうが、⊖だろうが、意外で驚きあきれる様子」が原義。

❶は原義そのままです。

❷は、「驚きあきれるくらい情けない」。

あきれるくらい驚くということは、普通ではなく、予想を「超えている」のです。❸「超」＝「very」＝「程度がはなはだしい」ですね。

「あさまし」は、現代の「マジでっ!?」とさけびたくなる感じです。

あさましき GOAL!!
マジでっ!?
あさましき 点数
マジかよっ

171 めざまし【目覚まし】形 B

❶ すばらしい
❷ 気にくわない

「よくも悪くも目が覚めるほどの様子」が原義です。❶は今でも「目覚ましい発展」のように使いますね。「（目が覚めるほど）すばらしい」発展ということ。

目が覚めるほど悪い場合が、❷「気にくわない」です。

172 すごし【凄し】形 B

❶ 恐ろしい・ぞっとする
❷ （恐ろしいほど）すばらしい

「すごし」は「恐ろしい・ぞっとする」を表す語です。そのまま⊖の意味が❶。

ぞっとするほど（＝鳥肌が立っちゃうほど）⊕なら❷「すばらしい」です。

すごし ＝ゾ〜〜〜〜ッ

⊖

ヒェ〜〜ッ
ゾ〜〜ッ

⊕

ゾワッ
鳥肌もんにすばらしい〜

173
うるさし 形 B

❶ わずらわしい・やっかいだ
❷ 細かいことによく気がつく
❸ 立派だ

現代語の「うるさい」からイメージできるのは❶・❷。「うるさい客が来た」＝「やっかいな客が来た」ということですよね。たとえば、普通なら流してくれるような細かいことに気づいてしまうお客さんだと、やっかいに感じるかもしれませんね。ですが、細かいところまで気がつくのは、❸「立派」ですよね。

「うるさい先生」は、生徒にとっては「わずらわしい」かもしれないけど、本当は生徒のことを心から考えてくれていて、いろいろなことに気がつく「立派な先生」なのかもしれませんよ。「うるさし」は、この➕の意味が重要です。

関連 **かしまし**【囂し】形 ❶やかましい・うるさい
かしがまし【囂し】形 ❶やかましい・うるさい
かまびすし【喧し・囂し】形
❶やかましい・うるさい

174
はづかし【恥づかし】形 A

❶ 恥ずかしい
❷ 立派だ

「はづかし」は、現代と同じ❶「恥ずかしい」の意味もありますが、❷「立派だ」が大事です。

こちらが恥ずかしくなるくらい相手が「立派」なのです。

ライバルのアイツは立派で、自分が恥ずかしくなるほどだな……。よし、僕も頑張るぞ！

175

やさし【優し】形 A

❶ つらい
❷ 恥ずかしい
❸ 優美だ・優雅だ
❹ けなげだ・感心だ・殊勝だ

⊕ 優美・優雅
⊖ やせ細るくらいつらくて恥ずかしい

漢字「優し」から簡単に想像できるのは、❸「優美だ・優雅だ」ですね。意識して優美に振舞うことは、❹「けなげな・感心な・殊勝な」ことです。これらは⊕の意味です。

「優し」の漢字から、❶・❷のような⊖の意味を想像するのは「？」ですよね。実は「やさし」は、「やせる」意味の動詞「痩す」に対応する形容詞で、**「やせ細るような思い」**が原義！

食事が喉を通らないくらい❶「つらい」とやせてしまいます。その場から消えちゃいたいくらい❷「恥ずかしい」ときも、やせ細るような気分のはずです。

原義の「痩す」から⊖の意味、漢字の「優し」から⊕の意味をイメージするとよいですね。

176

ゆゆし 形 A

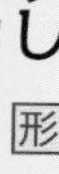
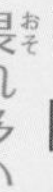

❶ 畏れ多い
❷ 不吉だ・忌まわしい
❸ 程度がはなはだしい・たいそうだ
❹ （恐ろしいほど）すばらしい・立派だ
❺ ひどい

「ゆゆし」は、「**神聖だ**」という意味の「斎」の字を重ねて、形容詞化した語「**斎斎し**」と考えられています。**神聖な儀式**を行う場所を「斎場」といいますね。「書斎」は、勉強などのためにこもる**神聖な**部屋なのです。

「ゆゆし」は「**神聖なもの・汚れたものなので触れてはいけない**」が原義。❶「畏れ多い」、❷「不吉だ・忌まわしい」が原義そのままです。

そこまで感じるものは、かなりの程度のもの。それが❸「はなはだしい」。たいそう⊕が❹、たいそう⊖が❺です。どう⊕か⊖かは、文脈判断してください。

第2章

「昔」と「今」の対比で覚える古文単語

第7節　古今異義語

第8節　古文特有語

例文リスト ⬇p.237

177

あく【飽く】動 A

❶ 満足する　❷ あきあきする

現代語の「飽きる」だと❷ですよね。一方、古文の「飽く」は、飽きてしまう前の**満足している状態**を表し、❶の＋の意味でよく用います。

私、チョコが好きなのですが、一度にいっぱいもらって「今、全部食べてね！」と言われても、絶対途中で飽きちゃいます。5粒くらいなら大満足で喜んで食べるはず。「もう、いいです……」となる前の、「ワーイ♪」と「満足する」状態が、古語の「飽く」の重要な意味です。

ただし、**和歌の「飽く」**は、「飽きてしまった」の❷の意味でよく使われます。

対義 **あかず**【飽かず】連語　❶ 満足せず・物足りなく　❷ 飽きないで

178

おくる【後る・遅る】動 A

❶ 死におくれる・先立たれる　❷ あとになる

漢字で「後る・遅る」。どちらでも「後(あと)になる」、「遅くなる」というのはわかりますね。❷「あとになる」はそのままです。

❶「死におくれる」が大事。「おくる」⬇「おくれる」、上に「死に」をつけ足す、と覚えておきましょう！

「誰かに死におくれる」＝その誰かが先に亡くなったということ。よって、「おくる」＝「相手が先立つ」と訳している場合もあります。

179 おどろく【驚く】動 A

❶ はっと気づく
❷ 目が覚める
❸ びっくりする

「おどろく」は「意外なことに出会い、心の平静を失う」が原義です。

私は受験生の頃、次のイメージで覚えました。

ビクッと驚いたとき、目が「パッ」と大きくなりますよね？　何かに❶「はっと気づいた」とき、心の目が「パッ」と大きくなりますよね。

そして、目がいちばん「パッ」って大きくなるのは「閉じた状態から開いた状態」⬇
❷「目が覚め」たときです。

はっと気づく

おどろく
＝
目が大きくなるイメージ

目が覚める

関連 **おどろかす**【驚かす】動（「驚く」＋使役「す」）

❶ 気づかせる　❷ 起こす　❸ びっくりさせる

---

180 かよふ（ウ）【通ふ】動 A

❶ 行き来する
❷ よく知っている
❸ 男性が女性のもとへ行く
❹ 似ている

「正妻に似通っている女性のもとに通う男性」と覚えよう

大事な意味は❸と❹です。

特に❸。古文常識がからんできますが、古文の時代に「通ふ」と言えば、「男性が女性のもとへ行く」の意味で使います。一夫多妻ですから、女性が男性のほうへ行く（＝通う）と、複数の女性が鉢合わせた場合、それはもう大変ですよね。ですから、基本的に、**「通ふ」の主語は「男性」**だと判断できます。

❹は「**似通う**」で覚えておくと便利！

❷は、「よく知っていること」を「**ツウ**（通）」というので、漢字「通ふ」からイメージすることが可能ですね。

第7節

ことわる【理る・断る】動 C

❶ 判断する
❷ 説明する

なんちゃってゴロ 告白を「ことわる」と判断した理由を説明する

「ことわる」の原義は「言割る（ことわる）」＝「物事の善悪・是非などを分けて、道理を明らかにする」です。

物事の善悪を❶「判断し」て、道理を明らかにするために、きちんと❷「説明する」。

ちなみに、相手が誘ってくれたときに、自分が不可だと判断したことを、きちんと相手に説明して納得してもらうことから、中世以降は、現代の「辞退する」の意味でも使われるようになりました。

しかし、入試の場合は「辞退する」ではなく、「言割る」「判断する」「説明する」の意味が大事です！ ⬇

しる【領る・治る・知る】動 A

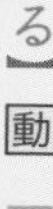

❶ 治める・領有する
❷ 理解する
❸ 世話する
❹ 交際する・親しくつきあう

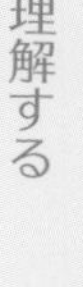

イメージ 土地を治めている領有者。その土地のことを何でも知っていますね

「しる」は漢字で3つ。「領る・治る」の❶「治める・領有する」の意味がいちばん大事ですが、❷〜❹を先に解説します。

物事を深く「知る」には、そのことに関して、ちゃんと❷「理解する」ことが必須。

ペットでも、ずっと❸「世話し」ていると、そのコの性格などがよく理解できますよね。

❹「交際する・親しくつきあう」相手のことほど、よく知れるし理解できます。

その国・土地のことをちゃんと理解して、その民と仲よくし、世話をしてあげる、❷〜❹をひっくるめるイメージで❶「治める」です。

「領る（しる）・治る（しる）」ためには「知る」ことが重要！

183

ときめく【時めく】動 B

❶ 時流に乗って（時勢に合って）栄える
❷ 寵愛（ちょうあい）を受ける

「時めく」の「時」は「勢いがあり盛んな時期」、「めく」は「〜らしくなる」という意味。「春めく」の「めく」です。つまり、「時めく」＝「勢いが盛んな時期らしくなる」。「オレの時代、私の時代が来たーっ！」という感じです。

男性の場合は、天皇から認められ、大事に思われること。それを❶「時流に乗る・時勢に合う」といいます。男性はそれで「栄える」のです。

一方、女性であれば「天皇からチョー愛されること」です。「チョー愛」されることを❷「寵愛を受ける」といいます。こちらのほうがよく出てきます。

現代語の「心がときめく」という意味はないのですが、「チョー愛されて心がときめく♪」「時流に乗ってオレの時代、ワクワクときめくぜっ！」と覚えておくのも1つの手。

関連 **ときめかす**【時めかす】動 ❶時流に乗って栄えるようにする ❷寵愛する

同義 **ときにあふ（ウ）**【時に会ふ・時に合ふ】連語 ❶よい時期にめぐりあって栄える

184

にほふ（オウ）【匂ふ】動 A

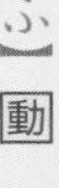

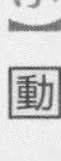
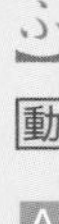
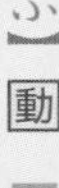

❶ 美しく染まる・照り輝く
❷ つややかに美しい
❸ 栄える
❹ 香る

真っ赤に美しく染まる夕焼け。夕焼けの「にほひ」ですね

漢字で「匂ふ」ですが、もともとは「丹秀ふ（にほふ）」でした。「丹」＝赤い色、「秀」＝特に目立つところ。つまり「丹秀ふ」は「赤色が目立つ」の意味だと考えられています。

私たちは「匂う」＝「嗅覚（きゅうかく）」で捉えますが、古文の時代では「匂ふ」＝まず「視覚」だと考えましょう。美しく照り輝くような感覚が「にほふ」です。

関連 **にほひ（オイ）**【匂ひ】名 ❶色が美しく映えること ❷かおり

第7節

185

ののしる【罵る】動 A

❶ 大声で騒ぐ
❷ 評判になる
❸ 勢力が盛んになる
❹ 口やかましく言う

「大声で騒いでののしると、近所の評判になってしまう」と覚えよう

「ののしる」の原義は「(周囲を気にせず)**大声で騒ぎ立てる**」です(「わーわー」騒ぐの「わぁわぁ」を、昔は「のの」と表現したらしい)。❶「大声で騒ぐ」は原義そのままです。

「ここのレストランおいしいよ!」とテレビで紹介されて、みんなが騒ぎ出すと、そのレストランは間違いなく❷「評判になり」ますね。

お店も人も物も「評判になる」と、❸「勢力が盛んになる」よね。

❶〜❸をしっかりおさえましょう。

186

のぼる【上る・登る・昇る】動 C

❶ 地方から都(京)に行く
❷ 宮中に行く(参内(さんだい)する)
❸ 官位・官職が高くなる

現代語の「のぼる」は、「階段を上る」「山に登る」など「物理的な高さ」まで上に行く動作ですよね。

一方、古文では「**身分的な高さ**」を表します。それに近づいていくイメージなのが❶・❷。「天皇」は「都(京都)」にいます。自分が地方にいるなら❶「都(=京)に行く」です(今でも東京に行くことを「上京する」といいますよね。新幹線も「東京行」が「のぼり」。今上(きんじょう)天皇は東京にいらっしゃるからです)。

京都にいて「のぼる」なら、❷「宮中に行く(参内する)」ことです。また、宮中にいて「のぼる」なら、「天皇のもとに行く」こと。相手が天皇でなくても、「身分が下の人が、上の人のもとへ行く」のが「のぼる」です。

❸「官位・官職が高くなる」は、自分が「**身分的な段階**」を上に昇っていくということです。

対義 **くだる**【下る・降る】動

❶ 都から地方に行く　❷ 身分が落ちぶれる

まもる（まぼる）【守る】動 A

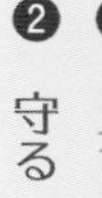

❶ 見つめる
❷ 守る

イメージ 「いつも目でじっと見つめて君を守るよ」というキザな男性

「まもる（まぼる）」はもともと「目守る（まも）」です。「まもる」の「ま」は、「まつ毛」の「ま」です。「まつ毛」は「目（ま）の毛」（ちなみに、「つ」は上代語で、「〜の」）。よって、「まもる」の原義は「目で守る」⬇「目を放さずに見る」⬇❶「見つめる」です。

関連 **まみ**【目見】名 ❶目つき ❷目もと

この「ま」も「目」！

みる【見る】動 A

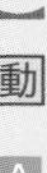

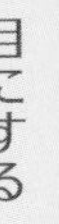
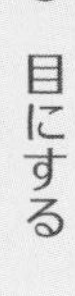
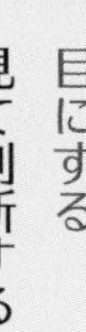
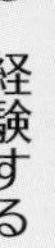

❶ 目にする
❷ 見て判断する・理解する
❸ 経験する
❹ 世話をする
❺ 男女が深い仲になる・夫婦となる　重要

「見る」＝（男性が）結婚する
「見ゆ」（見られる）＝（女性が）結婚する

「みる」で重要なのは❺だけ。古文常識ですが、貴族の女性は普段部屋の奥に籠（こも）っていて姿を現しません ⬇p.153。つまり、男性が女性の顔を「見る」＝深い仲になったときです。よって「見る」は、細かいことをいえば「男性が結婚する」という意味です。

❶〜❹までは現代語でも使います。❶はそのまま。❷も「あの2人はつきあっていると見た（＝見て判断した）」などと使います。❸は「そんな目を見ずに（＝経験しないで）すんだかも」。「弟の面倒を見なきゃ」は❹ですよね。

関連 **みゆ**【見ゆ】動 ⬇p.47 ❶（女性が）結婚する　など

むすぶ【掬ぶ】動 C

❶（水などを）手ですくう

イメージ 山の湧き水を、手と手をむすんで（＝くっつけて）すくう

「むすぶ」は別単語で2つありますが、「掬ぶ」が大事です！「掬ぶ」＝「手ですくう」です。「掬ぶ」の漢字が「手偏」⬇「手」を使う動作をヒントに覚えておくといいですね。

「水」の単語が近くにあり「むすぶ」とあれば（「むすびし水」や「手にむすびてぞ水を飲みける」など）、「手ですくう」の「掬ぶ」です。

もう1つは、「結ぶ」。これは「結ぶ・約束する・まとまる」（⬆バラバラなものを結んでまとめるイメージ）など、現代語と同じなので覚える必要はありません。

190

わたる【渡る】動 A

❶海や川の上を越えていく ❷行く・来る・移動する ❸年月を送る
❹（「動＋わたる」の形で）ずっと〜し続ける・一面に〜する

イメージ 行ったり来たり移動が大変な渡り鳥

「渡る」は「渡り鳥」の「渡り」と覚えると便利。渡り鳥は❶「海を越えて」やってきますね。ただ、これは「海を渡って……」と今でも使うので、わざわざ覚えなくても大丈夫です。

❷に3つも意味が書いてありますが、ここで「渡り鳥」がパワーを発揮。渡り鳥とは、適切な季節になれば、大陸から大陸へ行ったり来たりして移動する鳥のことです。これでOK。

❸は「世の中を渡る」＝「暮らしていく」⬇「年月を送る」で、今でも使います。

❹は「時間的」と「空間的」で訳し分けていますが、どちらも「ずっと」のイメージ。たとえば「花が咲き渡る」は、ずっと一面に咲いているのです。「動＋わたる」＝「ずっと〜する」！

191 わづらふ（ロウ）【煩ふ】 動 C

❶ 苦しむ・悩む
❷ 病気になる
❸（「動＋わづらふ」の形で）～しかねる・～できない

イメージ 恋煩（わづら）い。苦しくて、悩みすぎて何も手につかない感じ。患（わづら）っている病人が起きわづらう（＝起きられない）感じ

❶「苦しむ・悩む」は、たとえば「**恋煩**（わずら）**い**」で覚えましょう。「恋煩い」は「片思いが募って食欲不振になり、病人みたいになること」です。それほど、恋で悩んで苦しんで煩うのです。

現代と同じ❷「病気になる」の意味も、けっこう文章中には出てきますので赤字にしておきましたが、わざわざ覚えなくても大丈夫ですよね。

❸「動＋**わづらふ**」。たとえば「書きわづらふ」は「書くことが苦しい（からイヤ）」➡「書きかねる・書くことができない」ということです。

---

192 あやし【奇し・怪し・賤し】 形 A

❶ 不思議だ
❷ 身分が低い
❸ 見苦しい・粗末だ

「あやし」の原義は「**自分では理解できないものに対して不審に思う気持ち**」。「何コレ!?」という感じですね。それが❶「不思議だ」です。

昔、文字の読み書きができたのは、それなりに高貴な人です。その人たちにとって「理解できず不思議に思われた人」＝❷「身分が低い」人でした。

つまり、貴族にとっては、❸「見苦しく粗末な」生活をしている人たちが、自分たちとは直接関係のない変なものに思えたようです。

あやし〜〜
なんであんな
不思議な格好!?
ほっとけ……
ボロッ
粗末な 家
身分が低い 人

第7節

193 いとほし（オ） 形 A

❶ かわいそう・気の毒だ
❷ いやだ
❸ いとしい・かわいい

「いとほし」は、動詞「いとふ【厭ふ】（＝いやだと思う）」や、形容詞「いたはし【労し】（＝気の毒だ）」から派生した言葉といわれています。

「かわいそうで見ているのがいやだ」という気持ちが原義で、❶「気の毒だ」、❷「いやだ」の意味があります。❸は、現代語と同じです。❶・❷が重要！

ああぁ――
いとほし……
かわいそうに……
でも
かわいい
我が子のため
あえて手助けは
しない！
自転車に乗る練習中
イテッ

194 うつくし【美し・愛し】 形 A

❶ かわいい
❷ 愛らしい
❸ 美しい
❹ 立派だ

うつくし＝かわいい～♥ 赤ちゃんや小動物を見て「キャ～♥」という感覚

もともと「うつくし」は、ちっちゃい子の愛らしい感じに対して、「かわいい」という意味で使っていました。赤ちゃんを見て「うつくし～♥」、動物番組の子犬や子猫特集などを見て「キャー♥ うつくしいっ！」、これが「うつくし」のもともとの意味です。

「うつくし」が、現代の「美しい」と同じ意味で使われだしたのは、平安時代末期くらいからです。

同義 らうたし（ロウ） 形 ⇒p.124 ❶ かわいい・いとしい
かなし【愛し】 形 ⇒p.32 ❶ かわいい・いとしい　など

195 うるはし(ワ)【麗し・美し・愛し】形 A

❶ 美しい
❷ きちんとしている・端正だ
❸ 本格的だ

見目うるはしい人は、きちんとした服装ですね

現代語でも「見目(みめ)うるわしい乙女」などと使いますね。「輝くような美しい女性」ということです。よって、❶「美しい」は今と同じです。

大事な意味は❷「きちんとしている・端正だ」です。たとえば、美しい部屋は、❷「きちんと整っている」よね。

そして、きちんとしているということは、❸「本格的だ」ということです。たとえば、オーケストラなどでも、リハーサルは私服で行っても、本番はきちんと衣装を着替えて、本格的にするのです。

---

196 かたじけなし【辱し・忝し】形 C

❶ 畏(おそ)れ多い
❷ ありがたい

イメージ 天皇にほめられ、「もったいないかたじけなきお言葉、畏れ多いです。ありがたき幸せ」と感激している貴族

「かたじけなし」の根底に流れている感情は、「自分にはもったいない」という気持ちです。

相手の身分や言動と自分を比べると、「自分には不相応でもったいない」と感じる気持ち＝❶「畏れ多い」です。

相手が何かをしてくれたときに、「自分にはもったいない」と身に過ぎた恩恵を受けてうれしく感じる気持ち＝❷「ありがたい」です。

197

さうざうし 形 A

❶ なんとなく物足りない・さびしい

「さうざうし」の漢字は「索索し」ではないかと考えられています。「索索し」のウ音便で「さうざうし」。「索漠」「索然」の「索」。「索漠」は「心が満たされなくてさびしい様子」、「索然」は「おもしろみがなくなり（物足りなくなって）興味が失せる様子」です。ここから「さうざうし」は「**あるべきものがなく、物足りなくさびしい感じ**」を表すと考えられています。

ただ、この説明は正しいのですが、そもそも「索漠」や「索然」の意味を理解している受験生は多くないでしょうから、「かえってややこしくて面倒くさっ！」ってなりますよね。

ここは音のイメージからいきましょう。秋深い山の中をひとりで歩いています。「サク……サク……」、落葉を踏みしめる音しか響かない……。とてもさびしいですね。「サクサクし」➡「さうざうし」です。

さくさくし
➡ さうざうし

198

すさまじ【凄じ】形 A

❶ 興ざめだ・つまらない
❷ 殺風景だ・寒々としている
❸ 程度がはなはだしい
❹ あきれた・とんでもない

イメージ 舞台でスベっている芸人さん。「すさまじ」➡「さむっ」ですね。お客さんがつまらなさに興ざめしていて、観覧席が寒々としているイメージです

「すさまじ」は、現代では「すさまじい（＝❸すごい）人気」や「すさまじい（＝❹とんでもなくあきれるような）点数とっちゃった」と使いますが、もともとは「**あるべきものがなかったり、期待が裏切られたときの気持ち**」の❶「興ざめだ・つまらない」、❷「殺風景だ・寒々としている」の意味が主流で、これらが大事！

199 つれなし 形 A

❶ 冷淡だ
❷ 素知らぬ顔だ
❸ 平気だ

イメージ 周囲にまったく関心がない一匹狼（＝連れが無し）の人。冷淡でどんなときも素知らぬ顔。ひとりでも平気！

仲間やパートナーのことを「連れ」といいますよね。その「連れ」がいない＝「連れ無し」が原義です。

仲間がいないのは、そもそも「周囲の人に関心がないから だ」という人もおそらくいるでしょうね。つまり、「つれなし」は「**周囲と関係や関連がない様子**」を表します。

誰かが悲しんでいても、関心がないから、❶「冷淡に」、❷「素知らぬ顔で」、❸「平気で」いられるということですね。

「連れ無し」だって平気だよ。オレはクールなんだ

---

200 なつかし【懐かし】形 A

❶ 心ひかれる・慕わしい
❷ 親しみやすい
❸ （昔が思い出されて）なつかしい

親しみやすく心ひかれる人は「なつかしい人」です。なぜか初対面でもそういう人、いますよね、初対面でも「なつかしい人」です

「なつかし」は動詞「なつく【懐く】」に対応する形容詞です。「なつく」は今でも使います。「ペットがなつく」「人なつっこい笑顔」など、「**なれ親しむ・親しんでくる**」という意味ですよね。

古語の「なつかし」で大事なのは、❶「心ひかれる・慕わしい」と、❷「親しみやすい」です。

201

ひとわろし【人悪し】形 C

❶ みっともない・体裁が悪い・外聞が悪い

「ひとわろし」は「人から見て悪い」と覚えましょう。人から見て悪い状態は、「みっともない」し「体裁が悪い」ですよね。

現代で使う「人が悪い」の意味は、古文の時代にはないので気をつけてください。

古文で「人悪し」は「人から見て悪い」です!

202

むつかし【難し】形 A

❶ 不快である
❷ わずらわしい
❸ 気味が悪い

イメージ ベロベロの酔っ払いに「むつかしい顔するなよ～」とからまれ、不快でわずらわしい感じ。気味が悪くもありますね

「むつかし」は「うっとうしくて不快な感じ」が原義です。動詞「むつかる」に対応する形容詞。

現代でも、たとえば赤ちゃんが眠いのに寝られなかったりしてグズグズ泣いちゃったり、不快に感じて泣いたりすることを、「赤ちゃんがむずかる」といいますね(「むずかる」の古語が「むつかる」です)。よって、❶「不快である」です。

たとえば、酔っ払いにからまれたら、不快で❷「わずらわしい」ですよね。

そして、❸「気味が悪い」ものは、見ていて不快です。

関連 **むつかる**【憤る】動

❶ 不快に思う ❷ 幼児がだだをこねる

203 あからさまなり 形動 A

❶ ちょっと・ほんのしばらく

「あからさまなり」は「あかる【離る】（＝散り散りになる）」の派生語です。よって、原義は「満足していない状態で散り散りになってしまう、あっけない様子」です。「あっけない」＝「あっという間に」ということ➡「ほんのしばらく・ちょっとの間」ですよね。

あっという間に終了
《開始から10分後》
パーティーは終了でーす
ちょっとじゃん
帰るか……
何だコレ?
あからさまだなァ
散り散り

204 いたづらなり【徒らなり】 形動 A

❶ 無駄だ
❷ はかない・むなしい
❸ 何もない

イメージ ドミノを1か月かけて並べ、完成間近で幼児がいたづらでチョンとつついて、パタパタパタ一っと倒れて全部無駄になった感じ。倒れていくのを見ているしかなく、むなしい気持ちでいっぱい……

「いたづらなり」は「努力が報われず、結果が伴わないときの、失望する感じ」が原義。「あ～、あの努力が水の泡。無駄に終わってしまった……」という感じです。

無駄になり期待外れの結果って、❷「はかなくむなしい」ですよね。

もしこの単語帳に突然「白紙」のページが出てきたら、「無駄な」ページですよね。白紙➡❸「何もない」です。

計画を立てていながら、一日中、何もしないでむなしく終わったら、「無駄な一日を過ごしてしまった……」って後悔するよね。「いたづらな一日」は過ごさないようにしましょう！

205

あらまし 名 C

❶ 計画・予定
❷ 概略・全体のあらすじ

「あらまし」は、動詞「あり」の未然形「あら」に、反実仮想の助動詞「まし」がくっついてできたと考えられています。だから本来は、「**こうあったらいいのにな**」という気持ち＝❶「計画・予定」という意味で使っていました。この❶が大事！

今でも、たとえば「事件のあらましは～」などと使います。これは❷「概略・全体のあらすじ」の意味です。

あらまし
＝
こうあったら
いいなぁ
＝
計画

関連 **あらましごと**【あらまし事】名 ❶ 予期する事柄

206

いはき【岩木・石木】名 C

❶ 岩と木
❷ 非情なもの・感情のないもののたとえ

「いはき」。発音は「いわき」ですよね。漢字はそのまま「岩木（石木）」で、❶の意味です。大事なのは❷。文章中で「いはきにあらねば」などと、よく出てきます。

いはき に あら ね ば
（に：断定　ね：打消　已＋ば＝～ので）

⬇ 直訳「岩木ではないので」

つまり、「そんな非情な**ものではないので**」ということ。「**ちゃんと感情はあるゾ！**」と言いたいのです。

207

おぼえ【覚え】名 B

❶ よい評判
❷ 寵愛（ちょうあい）を受けること
❸ 記憶

イメージ 好感度◎の人。よい評判でチョー愛される！

「おぼゆ」という動詞⬇p.47を覚えていますか？「ゆ」は上代の受身・可能・自発でしたよね。その中の受身で直訳すると、「人から思われる」でした。「おぼゆ」の名詞形である「おぼえ」は「人や世間から（⊕に）思われること」の意味です。

「世間の人から⊕に思われること」⬇❶「よい評判」。

「天皇から⊕に思われること」⬇❷「寵愛を受けること」です！

関連 おぼゆ【覚ゆ】動 ⬇p.47 ❶（他人から）思われる　など

ときめく【時めく】動 ⬇p.93 ❶寵愛を受ける　など

208

かげ【影】名 B

❶ 光
❷ 姿・形

月影＝月光／人影＝人の姿

「かげ」の原義は「光輝くもの」です。だから、「月影」は「月の光」、「日影」は「太陽の光」。そもそも、「光」がないと「影」はできません。このように、「光」と「影」をセットで覚えておくとよいですね。

❶「光」があるから、ものの❷「姿・形」がわかります。この❷の意味は、今でも「怪しい人影を見た」などと使いますね。「人影＝人の姿」です。

第7節

209 ここち【心地】名 C

❶ 気持ち・気分
❷ 思慮・考え
❸ 病気

❶は今でも使いますね。「夢心地」＝「夢みたいな❶気分」ですよね。「心地」＝「心」⬇❷「思慮・考え」という意味もあります。

「ここちあし」は「気分が悪い」⬇「病気だ」という意味です。「ここち」だけでも❸「病気」の意味として使われ、これがいちばん大事！

関連 **ここちなし**【心地無し】形 ❶思慮分別がない
ここちまどふ【心地惑ふ】連語 ❶気持ちが動揺する・迷う

210 すき【好き・数寄】名 B

❶ 色好み・好色（＝恋愛が好きなこと）
❷ 芸道・風流なことにうちこむ心

「好き」という場合、何が好きかわかる？
「恋愛！」「音楽や和歌！」
正解は……どちらもです！ 音楽・和歌などの「風流好き」の場合が多いです

❶は今でも「アンタも好きだね～」のように、女性好きな男性をからかう（？）言葉として使います。つまり、恋愛が好きなこと。それを「色好み」や「好色」といいます。ただし、古文の「好き」は、恋愛だけではありません！「和歌」や「音楽」などの❷「芸道・風流なことにうちこむ心」も「好き」といいます。こちらが大事。

関連 **すきもの**【好き者】名 ❶好色な人 ❷風流な人
すきずきし【好き好きし】形 ❶好色めいている ❷風流である

211

て【手】名 B

❶ 文字・筆跡 ❷ 腕前 ❸ 手段・方法
❹（芸能の）手ぶり・所作・型
❺ 手傷・負傷

入試に大事な5つに絞りました。断トツで大事なのは❶「文字・筆跡」。筆を手に持ち「字」を書きますね。

❷「腕前」は、たとえば料理や裁縫（さいほう）の腕前、琴の演奏の腕前など「技量」のことです。料理や裁縫、琴の演奏なども手を使いますよね。ちなみに「（楽器の）奏法」の意味もありますよ。

❸「手段・方法」は「その手があったか〜！」と、今でも使いますね。舞などの「芸能」には、手ぶり・しぐさなどの身のこなしの「型」がありますが、その❹「（芸能の）所作」も「手」といいました。歌舞伎では、女形（おんながた）の男性が「手」を使って女性らしいしぐさなどをしますよね。

❺「手傷・負傷」は今でも使います。「事故で深手を負った」＝「深い傷を負った」ということ。軍記物語などの戦の場面で「手」とあれば、この❺「傷」の可能性が高いのです。

関連 **をとこで（オ）**【男手】名 ❶ 漢字（「をとこもじ」とも）
をんなで（オ）【女手】名 ❶ 平仮名（「をんなもじ」とも）

男性が書く文字＝漢字
女性が書く文字＝平仮名

212

としごろ【年頃・年比・年来】名 A

❶ 数年間・長年

「としごろ」は「つきごろ」「ひごろ」との3点セットで覚えましょう！

「ごろ」⬇「数〜間」です。

入試では、よくひっかけで「おとしごろ」（たとえば「一人前」や「結婚適齢期」など）の意味の選択肢がありますが、古語の「としごろ」にはそういう年齢にかかわる意味はありませんので、その選択肢は即カットしましょう。

年 月 日
ごろ
⬇
数
年 か月 日
間

関連 **つきごろ**【月頃・月比・月来】名 ❶ 数か月間
ひごろ【日頃・日比・日来】名 ❶ 数日間 ❷ ふだん・平常

こっちが重要

第7節

213

ふるさと【古里・故郷】名 C

❶ 旧都
❷ 生まれ故郷
❸ 古いなじみの地

平城京（へいじょうきょう）などのかつての都は、皆にとっての「ふるさと」なのです

私たちが使う「ふるさと」の意味は❷「生まれ故郷」。

古文での「ふるさと」は、それだけではなく、「古い昔に人が集まる里だった場所」＝❶「旧都」の意味でも使います。平安以降の人たちにとっては、住んだことがなくても、平城京があった「奈良」も「ふるさと」です。

あとは、生まれた場所だけではなく、以前に住んでいた土地や、よく訪れたことのある土地も「ふるさと」です。❸「古いなじみの地」ですね。

214

ものがたり【物語】名 C

❶ 話すこと・話・世間話・雑談

「ものがたり」からは、「もの」をとってください。「語り」です。今でも「ちょっと語ろうよ～」と言えば、「ちょっと話そうよ」ということですよね。古文の文章に出てくる「物語」は、「物」を消して「語る」です。

語る内容は「雑談」です。つまり、「ものがたり」は、ただの「話」なのです。

何かをものがたり＝語る

「物語するよ！」＝「雑談するよ！」

関連 **ものがたりす**【物語す】動 ❶ 世間話をする

215

よ【世】名 B

❶ 前世・現世・来世⬇特に現世
❷ 世間・世の中
❸ 時代
❹ 俗世間・浮き世
❺ 男女の仲・夫婦の関係

「こんな世（俗世間）捨てて出家してやるーっ！」の「世」が重要！

古文の文章中によく出てくる5つに絞りました。❶〜❸は現代も使っていますので、❹と❺を重点的に覚えておきましょう。

❹「俗世間・浮き世」とは、「いろいろな人間の感情がからまった、みにくいことが多い世間」のことです。「出家する」という意味の「世を―」⬇p.73で使われている「世」は、この❹の意味でしたね。

❺「男女の仲・夫婦の関係」はどういうことかというと、古文の時代の女性はあまり部屋から出ませんので、彼女たちにとっての「世間」とは「恋人や夫との世界」だけだったのです。

216

よのなか【世の中】名 A

❶ 世間
❷ 現世
❸ 天皇が治める世
❹ 男女の仲・夫婦仲

男女がラブラブで「世の中平和〜♥」＝男女の仲バッチリ♪

「よのなか」も、215の「よ」と同じような意味です。入試で意味を問われたら、❹「男女の仲」がいちばん大事！

ちなみに、「よのなかさわがし【世の中騒がし】」や「よのなかごこち【世の中心地】」は「疫病（えきびょう）が流行すること」で、この「世の中」は❶「世間」です。「世間が（病気で）騒がしい」、「世間が病気」（「ここち」＝「病気」でしたね⬇p.106）⬇「疫病の流行」ですね。

217 よろこび【喜び・悦び】名 C

❶ 官位の昇進
❷ お祝いごと・祝辞
❸ お礼
❹ 喜ぶこと

男性貴族の喜びは「出世」。ですから、「喜び」=❶「官位の昇進」の意味があります。

うれしいことがあって喜んでいる友達がいたら、「おめでとう!」、「よかったね」とお祝いしますよね。❷「祝辞」です。

そんなふうに喜んでくれたら、「ありがとう」と❸「お礼」を言いますね。派生語「よろこびまうし（モウ）【慶び申し】」は「お礼を申し上げること」の意味です。

218 いつしか 副 A

❶ いつの間にか・知らない間に
❷ 早くも・早々と
❸（「+意志または願望」の形で）早く（〜しよう・してほしいなど）

❶は今でも「いつしか2人はつきあっていた」のように使いますね。

入試で圧倒的に大事なのは❷と❸。❸は「いつしか+意志」や「いつしか+願望」の形で、「早く〜しよう」「早く〜したい」「早く〜してほしい」のように、「いつしか」=「早く」と訳しますが、形があるのでわかりやすいですね。

単独の「いつしか」にも、❷「早くも」と「早速」の意味があるので気をつけましょう。

「いつしか」が入試で問われた場合、まずは下をザーッと見て「意志か願望がないかな」と探してみてください。あれば❸です。

例 いつしか咲か(未)なむ。（早く咲いてほしい）

＊未然形+なむ=終助詞・他者願望「〜してほしい」

219

おのづから【自ら】副 A

❶ 自然に・ひとりでに
❷ 偶然・たまたま・まれに
❸ (「＋仮定」の形で) 万一・ひょっとして (〜ならば)

❶は現代でも「おのずから (＝「おのずと」) わかる」のように使います。「自然にわかる」ということです。

古文の時代、それだけではなく、「自然にそうなる」⬇「偶然そうなった」「(自然になるのは) たまたま・まれだ」というところから、❷「偶然・たまたま・まれに」という意味もあり、「まれにある」⬇「ひょっとしてある!?」から、❸「万一・ひょっとして」という意味もありました。

おのづから 自然にこうなった人形大根。まれにこういうのがニュースになる。ひょっとしたらまた出てくるかも。

偶然ですけどねー

220

さすがに 副 A

❶ そうはいってもやはり

霊感はないけれど、廃墟(はいきょ)と化した病院に入るのはさすがにそうはいってもやはり怖い

「さすがに」や同義語「さすが」の成り立ちをたどると、次のようになります (覚える必要は全くないので、赤字だけ意識して流し読みしてください)。

上代副詞「しかすがに」⬇中古副詞「さすがに」⬇形容動詞「さすがなり」⬇副詞「さすが」。

さて、ここでポイントは、「しか」も「さ」も指示語「そう・その・そのように」だということです。

古文で「さすが」を見たら、「さ」＝「そう」⬇「そうはいってもやはり」の訳が出てくればOKです！

同義 **さすが** 副 ❶ そうはいってもやはり

関連 **さすがなり** 形動 ❶ そうはいうものの、そのままにしておけない

221

せめて 副 B

❶ 無理に
❷ 非常に・きわめて
❸ 続けて
❹ 少なくとも・～だけでも

イメージ 相手を無理にグイグイ責めている人

「せめて」は、「相手を責めて無理にする」と覚えましょう。
「せめて＋動」の場合は、❶「無理に」です。
「せめて＋形」の場合は、相手を責めてしまうくらいの激しさということで、❷「非常に・きわめて」。英語なら「very」ですね。

同義 しひて【強ひて】副 ❶ 無理に ❷ むやみに

この❶と❷をしっかりおさえましょう！

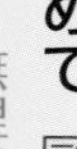

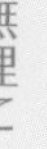

222

なかなか【中中】副 A

❶ 中途半端に・なまじっか
❷ かえって・むしろ・なまじっか
❸ （～＋打消」の形で）とうてい（～ない）
❹ かなり

「なかなか」はもともと「中途半端な感じで、かえってよくない」という意味で使っていた言葉です。
私は「中中」⬇「中途中途」⬇「中途半端でかえってダメ」と覚えていました。
最近よく、『なまじっか』の意味がわからない」と生徒から聞きますが、❶「とことんやるならともかく、十分にやれもしないのに」＝「中途半端」の意味と、❷「それをしなければよかったのに、それをしたために、かえって（逆効果になった）」＝「かえって・むしろ」の意味の両方をカバーできる言葉で、「なまじ」という現代語も同じです。
「なかなか」は、この❶と❷が重要です。

関連 なかなかなり【中中なり】形動
❶ 中途半端だ ❷ かえって～しないほうがよい

223

やうやう（ヨウヨウ）【漸う】 副 A

❶ だんだん・しだいに
❷ やっと・かろうじて

「やうやく」（発音は「ようやく」）のウ音便（おんびん）。

私たちが使う「ようやく春が来た」は❷の意味で、中世以降はこちらの意味も出てきましたが、大事なのは❶「だんだん・しだいに」。「やうやう」と見たら、❶の意味から考えましょう。『枕草子』の冒頭部分、「春はあけぼの。やうやうしろくなり行く山ぎは……（＝春は明け方〔がすばらしい〕。だんだん白くなっていく山際……）」を暗記させられた人、たくさんいると思われます。これで、「やうやう」＝「だんだん」は覚えている人が多くて、個人的に心配していない単語の１つです。

春はあけぼの
やうやう（＝しだいに）
しろくなり行く
山ぎは

やがて 副 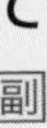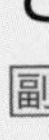

❶ そのまま
❷ すぐに

「やがて返信があった」＝即返信があったのです

「やがて」は「**状態・時間に隔（へだ）たりがなく、引き続く様子**」が原義です。

状態なら❶「そのまま」、時間なら❷「すぐに」ですね。

現代語と同じ「そのうち」という意味もないわけではありませんが、❶・❷のほうが大事なので、ここではカットしました。古文の「やがて」で重要なのは、**現代語とは正反対の意味**です！

これを飲んだらやがて（＝すぐに）勉強開始!!

第7節

225 わざと【態と】 副 B

❶ わざわざ
❷ 特に
❸（「わざとの」の形で）正式に・本格的に

「わざとの学問」とは？
――「本格的な学問」のことです

「わざと」は❶「わざわざ」。

「わざわざ準備しなくてもいいよ」ということは、「❷特に何もしなくてもいいよ」ということですよね。

わざわざ特に準備がいらない⬇❸「正式な・本格的な」ものではないということ。

「わざと」は、まずは❶「わざわざ」をしっかりおさえておきましょう！

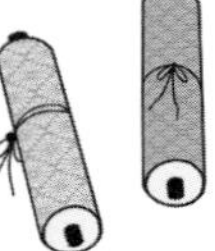

---

226 あはれ（ワ） 感動 C

❶ ああ

会話文の出だしに「あはれ、……」とあれば、「ああ」という感動詞の「あはれ」です。形容動詞「あはれなり」⬇p.85とは別の単語なので、気をつけましょう。

称賛や驚嘆などで感動したとき、「ああ」とか「わあっ」って声に出ますよね。それが「あはれ」です。

ポイント

「あはれ。」や「あはれ、」があれば、おそらくそこからセリフが始まっています。

真夏に冷房の効いた部屋から外に出たとき、「うわっ、暑っ！」とは言いますが、「暑っ、うわっ」とは言いませんよね。「うわっ」や「わあっ」という声は最初に出るはずなので、「あはれ。」や「あはれ、」はセリフスタートの合図です。

関連 **あはれなり（ワ）** 形動 ⬇p.85

❶ しみじみとした情趣がある　など

第8節

古文特有語

例文リスト ⬇p.243

227 かこつ【託つ】動 B

❶ かこつける
関係のないことに無理やり結びつける
❷ ぐちをこぼす

あのマラソン大会雨が降ってなかったら絶対オレが優勝したのにナァ
グチ
グチ
グチ
かこつける人
ハァ
いやいや全員条件一緒じゃん

そのままですが、私は「かこつはかこつける」と覚えていました。

❶「かこつける」とは、「他の関係のないことに無理やり結びつける」ことです。

何かにかこつけてうだうだ言っているのが、❷「ぐちをこぼす」です。

関連 **かごと**【託言】名 ❶口実 ❷ぐち・恨みごと
かごとがまし【託言がまし】形 ❶いかにもぐちっぽい

---

228 かしづく【傅く】動 A

❶ 大切に育てる
❷ 大切に世話をする

イメージ かしらづき、「大切に育てるから、すてきな姫に育っておくれ」と、女の子に土下座している両親

「かしづく」は「かしら（頭）を地につける（＝かしらづく）」からできた言葉だと考えられています。それくらい相手に対して敬意を払ったということ。そこから❶「大切に育てる」、❷「大切に世話をする」という意味になりました。**子ども**に対してならば❶、**大人**に対してならば❷ですね。

同義 **いつく**【傅く】動 ❶大切に育てる

229

こほつ（こぼつ）【毀っ】動 C

❶ 壊す・崩す
❷ 削る

中世以降は「こぼつ」。「毀」は音読みで「キ」と読み、「名誉毀損（めいよきそん）」の「毀」です（普段は常用漢字で「名誉棄損」と書くことが多いのですが）。「名誉を傷つけ壊す」ことですよね。だから「こほつ【毀っ】」は❶「壊す・崩す」という意味です。「こぼつ」の音を使い、「壊すと破片がこぼれてくる」と覚えてもよいですね。何かを❷「削る」と、その破片もこぼれてきますよね。

同義 **こほる（こぼる）**【毀る】動 ❶ 壊れる・崩れる・破れる
やる【破る】動 ❶ 破れる・壊れる

230

まねぶ【学ぶ】動 B

❶ まねをする
❷（見たり聞いたりしたことを）そのまま人に伝える
❸ 学習する

「人の真似（まね）をする」の「まね」が動詞化した語です。❶はそのままです。

「伝言ゲーム」ってありますよね？ 最初の人が言ったことを、そのまま順番に人に伝えていくゲーム。最初の人の言葉を、みんながまねしてそのまま人に伝えていくのです。これが❷。

❸「学習する」に関して。現代語「学ぶ」の語源は、この「まねぶ」だと言われています。何事も最初は、その道の先輩のまねをして上達していくものです。

231 ものす【物す】動 A

❶ ある・いる
❷（様々な動詞の代用として用いる）

❶be⬇「こんなところに犬がものす」⬇いる
❷do⬇「犬がものす」⬇ほえる？　尻尾を振る？　近寄ってくる？　など、どれになるかは文脈判断！

「ものす」は「be動詞・do動詞」と覚えるのが手っ取り早いのです（私も学校でそう教わりました）。❶がbe。❷がdo。

ただし、❷の場合は、どういう意味で使われているのかを考えなければいけません。「宮中にものす」なら「宮中に行く」。現代語ですが、「難産の末に赤ちゃんがやっとものす」なら「生まれる」。

現代語訳の問題に「ものす」が入っていたら、どういう意味なのかしっかり考える必要があります。

---

232 あぢきなし【味気無し】形 A

❶ つまらない
❷ 無益だ・かいがない

「味気ない毎日でつまらない。無益に過ぎていく……」と覚えよう

漢字の「味気」は当て字ですが、現代語の「味気無い（あじけない）」と同じだと考えれば、❶「つまらない」は同じ意味です。「あじけない毎日だな〜」＝「つまらない毎日」ということです。「あぢきなし」＝「あじけない」＝「つまらない」が1つの意味。

「あぢきなし」の原義は「道理にそむいていること」です。道理にそむいて何かをしようとしても、無駄に無益に終わってしまう。つまり、❷「かいがない」のです。

あぢきなし⬇あじけなし

233 あらまほし 形 A

❶ 理想的だ

動詞「あり」の未然形「あら」に、希望の助動詞「まほし」がくっついて1語と捉えられた形容詞です。「(こう)あってほしい」⬇「理想的だ」ですよね。成り立ちを直訳すれば、そのままです。

「理想的」と訳しておかしい場合は、「あり」+「まほし」の「あってほしい」です

例 超絶タイプの男性を見て、「ああいう男性があらまほし（理想的）♥ あんな人が恋人で あらまほし（~~理想的~~ あってほしい）……」

関連 **あらまほし** 連語 ❶ こうあってほしい・そうありたい

234 いまめかし【今めかし】形 C

❶ 現代風だ・当世風だ

❷ 今さらのような感じ

イメージ 流行りのネット用語。流行当時は、その言葉を使うと今っぽくて旬、「今めかし」です。ですが、時が経つと「今さら感」が半端ないですね

「いまめかし」は「いまめく【今めく】」という動詞に対応する形容詞。

「いまめく」の「めく」は、「春めく」の「めく」と同じで、「〜っぽい・〜らしい」。よって、「いまめく」=「今っぽい」=「現代風である・当世風である」という意味です。

「いまめかし」はその形容詞なので、❶「現代風だ・当世風だ」ですね。

その「今風」が少しすたれて➖になると、「今さら!?」となりますよね。それが、❷「今さらのような感じ」です。

❶の意味でよく出てきます。

235 うたてし 形 A

❶ 嘆かわしい
❷ 情けない

副詞「うたて」から派生してできた言葉です。「うたて」の成り立ちは「うたうた」⬇「うたた【転】」⬇「うたて」。「うたた」の原義は「物事が進行し続けて程度がはなはだしくなる」。

副詞「うたて」は、「自分の考えとは逆に異常に進む際の不快感」の意味で使います。「うたた」の漢字「転」も転がり落ちて、「いやだ〜！」というイメージ。「うたてし」はそんな不快な状態が❶「嘆かわしい」し❷「情けない」のです。

地位転落
位階の階段
コロコロ
ワ〜〜 うたてし〜〜 いやだァ 情けない……

関連 **うたて** 副 ❶ますます ❷異様に ❸不快に・情けなく
うたてあり 連語 ❶いやだ・嘆かわしい
うたてげなり 形動 ❶異様な感じだ ❷いやな感じだ

236 おどろおどろし 形 A

❶ 気味が悪い
❷ おおげさだ・仰々しい

イメージ お化け屋敷のおおげさな、気味が悪い効果音「ヒュ〜ドロドロ（⬇おどろおどろし）」

動詞「おどろく」の「おどろ」は「はっとする」でしたね ⬇p.91。その「おどろく」の「おどろ」を重ねて、「おどろおどろし」と形容詞化したと考えられています。

「はっとさせるくらい気味が悪くて恐ろしい」というのが原義です。

「はっとする」ほど、たくさんありすぎだと、❷「おおげさで仰々しい」ですね。

237 くちをし【口惜し】形 A

❶ 残念だ
❷ つまらない
❸ 卑しい

審査員の口から「いや〜、惜しいね」との言葉が……。残念ですよね

「くちをし」は「**期待はずれだったときの落胆や、不満な様子**」が原義です。

「くちをし」の「をし」は「惜しい」です。現代でも「惜しかったね」と言われたら、要はダメ⬇「残念でした」ということですよね。そういうときの落胆した気持ちが「くちをし」です。

期待したのにダメだったら、❶「残念」だし、❷「つまらない」ですよね。

「残念な身分」といえばどういうことでしょうか？「身分が低い」⬇❸「卑しい」ですね。

238 さがなし 形 A

❶ 性質がよくない・意地が悪い・たちが悪い
❷ 口が悪い
❸ いたずらだ

「さが」は「性（＝生まれつきの性質）」のこと。「それが男の性だ！」などと聞いたことがあると思います。

「さがなし」⬇「**性がよくない**」＝❶「性質がよくない」と覚えましょう。

そういう人は、言い方がきつくて❷「口が悪い」場合が多いですよね。

また、「たちが悪い子ども」＝「いたずらっ子」ですよね。❸「いたずらだ」です。

性がよくない
バーカ カース ボケ〜〜〜
口が悪いナァ……

コラッ！ またこの いたずらっ子 がーっ!!
キャッ キャッ
パリーン
さがなき子

239 ずちなし【術無し】形 C

❶ なすべき方法がない・どうしようもない

なんちゃってゴロ 「手術も無しになり、もはやなすすべがない」ということにならないよう、早期発見が大事です！

「術無し」は、「**じゅつなし**」とも「**すべなし**」とも読みます。「すべなし」は、「なすすべがない（＝どうしようもない）」のように現代でも使いますね。

「ずち」＝「術」＝「**方法**」で、それが「無い」のです。「なすべき方法がない・どうしようもない」ですね。

同義 **せんなし**【詮無し】形 ❶ 仕方がない

せむかたなし【為む方無し】形 ❶ なすべき方法がない・どうしようもない

いかがはせむ【如何はせむ】連語 ❶ どうしようもない

240 そこはかとなし 形 B

❶ どこということもない
❷ とりとめもない

「あの人のどこが好きなの？」と聞かれても、そこはかとなし

副詞「**そこはかと**」は「**はっきりしている様子**」。それが「ない」のです。つまり、❶も❷も「**はっきりしない**」のです。❶は「**場所**」がはっきりしない、❷は「**理由**」がはっきりしないのです。

そこはかとなし

どこ

ハッキリ

第8節

241 まだし【未だし】形 B

❶まだ早い
❷未熟だ・不十分だ

「まだし」＝❶「まだ早い」は、そのままわかりますよね。

まだ早いということは、❷「不十分」なのです。お肉を焼いていて、「お皿に盛るにはまだ早い！」と言われたら、火の通りが「不十分」ということですよね。「まだしからむ人」は、「(それをするには)まだ早い人」⬇「未熟な人」ということです(「まだしから」は「まだし」の未然形、「む」は婉曲の助動詞「む」の連体形)。

盛りつけよーっと♪
まだしっ!!
まだ早いわっ よく見なさい!!
未熟な人
＝
まだしからむ人
火の通りが 不十分

---

242 やむ(ん)ごとなし【止む事無し】形 A

❶捨ててはおけない・のっぴきならない
❷格別だ・並々ではない
❸高貴だ

格別に高貴な人に「放っておいて」と言われても、お世話が止むことはないのです。捨ててはおけません！

「止む事無し」＝**やめることができない**のです。世話をしたり、面倒を見たり、それをやめることができない⬇「放っておけない」ということですよね。それが❶「捨ててはおけない」です。**放置しておけない**ということ。

❶「のっぴきならない」の意味、わかりますか？ 漢字で「退っ引きならない」と書きます。「退くことや引くことはできない」⬇「避けては通れない・どうにもならない」ということ。つまり、「放っておけない」ですね。

そして、それくらい大切なものだということで、❷「格別だ・並々ではない」や❸「高貴だ」の意味が生じました。

同義 **あてなり**【貴なり】形動 ⬇p.35
❶高貴だ ❷上品だ・優雅だ

243

ゆかし【床し】形 A

❶ 見たい・聞きたい・知りたい
❷ 心ひかれる・なんとなく慕わしい

ゆかし＝「want」！ 何をしたいかは文脈判断。心ひかれた本を早く「ゆかし」＝読みたい

動詞「行く」に対応する形容詞。「心が進んで行く思い」「心ひきつけられる」が原義です。

そのひかれる対象によって、「見たい」「聞きたい」「知りたい」などに訳し分けているだけです。私は、「ゆかし」は「want」と覚えました。「～（し）たい」です。

「心ひかれ」たからそう思うわけですから、❷もカンタンに覚えられますよね。

同義 **なつかし**【懐かし】形 ➡p.101

❶ 心ひかれる・慕わしい ❷ 親しみやすい など

244

らうがはし【乱がはし】形 C

❶ 乱雑である
❷ 騒がしい・やかましい
❸ 乱暴だ・不作法だ

漢字で覚えてもいいですね！「らうがはし」＝「乱がはし」。乱雑・乱暴です。

「～がはし」＝「～らしい・～のようだ」の意味。よって、「乱がはし」＝「乱れているらしい」ということ。「乱雑で秩序のない様子」を表す語です。

たとえば、映画やコンサートでは携帯電話の電源を切ります。上映中や演奏中に、❷「やかましい」着信音が鳴り響くなんてマナー違反。❷「騒いで」視聴するのも論外。そんな❸「不作法な」人がいれば、会場の空気が一瞬で乱れますね。

第8節

らうたし（ロウ） 形 A

❶ かわいい・いとしい

イメージ 母親の赤ちゃんに対する「かわいい、いとしの我が子♥ たくさん労（いた）わるよ」という気持ち

「らうたし」＝「労（らう）（＝労（いた）わる）」＋「甚（いた）し（＝はなはだしい）」。「とてつもなくいたわってあげたい・世話をしてあげたい」ということです。それぐらい、かわいくて、いとおしいのです。

労わる　very

労＋甚し＝らうたし

関連 らうたげなり（ロウ） 形動 ❶ かわいらしい様子だ

同義 かなし【愛し】形 p.32 ❶ かわいい・いとしい　など

うつくし【美し・愛し】形 p.98 ❶ かわいい ❷ 愛らしい　など

246

あだなり【徒なり】 形動 A

❶ 浮気だ
❷ はかない様子だ・かりそめだ
❸ 無駄だ

「あだ」は「まめ」の反対です。「まめなり」は「まじめだ・実直だ・誠実だ」「実用的だ」でしたね p.42。「あだなり」は、❶「浮気」、❸「無駄」。浮気は❷「はかないかりそめ」のものですね。

あだ（浮気・無駄）↔ まめ（誠実・実用）

関連 あだあだし【徒徒し】形 ❶ 浮気だ

あだ（し）ごころ【徒（し）心】名 ❶ 浮気な心

対義 まめなり【忠実なり】形動 p.42 ❶ まじめだ・実直だ・誠実だ ❷ 実用的だ

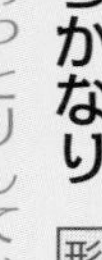

247 おいらかなり 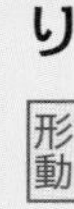 形動 C

 ❶ おっとりしている
 ❷ あっさりしている

私は受験生の頃、「おいらか」⬇「おだやか」と2文字変えて覚えていましたが、きちんと説明するならば、「おいらか」の「おい」＝「老い」だと考えられています。年をとると悟りを開いたかのように穏やかになる方、たくさんいらっしゃいますよね（逆に「超頑固」になる可能性もありますが……）。「**老いて、おだやかにおっとりとなる**」というところからきているようです。

❶「おっとりしている」⬇何かあってもあまりムキになって反応しない、ということでもありますよね。そこから、❷「あっさりしている」の意味が生じました。

おいらか ⬇ おだやか

---

248 きよらなり【清らなり】 形動 A

❶ 美しい様子だ

よく似た単語は「きよげなり」。「きよらなり」と「きよげなり」の「ら」と「げ」はそれぞれ接尾語で、どちらも「清」についています。両方「(清らかで) 美しい」という意味。細かい違いをいうと、「きよらなり」のほうが美しさが上。濁音がないほうが、よりきれいなイメージがありますよね（「サラサラ」と「ざらざら」、「キラキラ」と「ぎらぎら」など）。「けう（キョウ）らなり」は「きよらなり」と全く同じです。

きよらなり < きよげなり

どっちも美しい！

同義 **けう（キョウ）らなり**【清らなり】  形動 ❶ 美しい様子だ
きよげなり【清げなり】  形動 ❶ 美しい様子だ

関連 **きよし**【清し】 形 ❶ 美しい

第8節

249 すずろなり【漫ろなり】形動 A

❶ なんとなく心が動く・あてもなく
❷ むやみやたらに
❸ 思いがけない
❹ 関係がない・理由がない

4つも意味がありますが、**「自分の意志に反して、もしくは、自分の意志に関係なく、ある方向に事がどんどん進んでいく様子」**が原義。この原義に❶～❹の意味が全部入っているので、原義をおさえましょう。

ちなみに、「すずろ」の漢字は「漫然」の「漫」です。「漫然」＝「目的もなくとりとめもない」こと➡❶「なんとなく心が動く・あてもなく」です。

「あてもなくどんどん進む」➡❷「むやみやたらに進む」です。

この❷の場合、「すずろに」の形で用いることが多いのです。

自分の意志に反する＝❸「思いがけない」方向に進んでいくわけですし、❹「関係がない・理由がない」も原義からそのままですね。

同義 **そぞろなり**【漫ろなり】形動
❶ 当てがない ❷ 関係がない ❸ むやみやたらだ ❹ 心が落ち着かない

250 つれづれなり【徒然なり】形動 A

❶ 退屈だ・手持ちぶさただ
❷ どうしようもなく物思いに沈む様子

『徒然草』➡「つれづれなるままに……」
超現代語訳 超ヒマなんだよね～

「連れ」が重なって「つれづれ」と考えられており、**「物事が変わらずにずっと同じ状態が続く様子」**が原義です。

ずーっと何もすることがない状態だと❶「退屈だ・手持ちぶさた」ですよね。

そんな状態が本当にずっと続くと気持ちが沈んでしまいそう……それが❷「物思いに沈む」です。

『徒然草』の冒頭部分、「つれづれなるままに、日暮らし硯に向かひて……（＝何もすることがなく手持ちぶさたであるのにまかせて、一日中硯に向かって……）」を暗記させられて、覚えている人も多いのでは。

関連 **いたづらなり**【徒らなり】形動 ➡p.103
❶ 無駄だ ❷ はかない・むなしい ❸ 何もない

251
をこなり【痴なり・烏滸なり・尾籠なり】形動 B

❶ 愚かだ・ばかだ

漢字の表記がいろいろありますが、「痴」がいちばんわかりやすいかと思います。「痴」は「愚か」という意味を表す字で、マイナスイメージの漢字です（たとえば、「音痴」など）。私、とんでもない「機械音痴」なのです。「機械・情報機器方面」に関して「愚か」で「ばか」だということですね。

＋α情報

「烏滸」は「カラス＋水際」です。昔の中国で、黄河や長江（揚子江）などの水際に集まって騒ぐうるさい人たちのことを意味していました。騒ぐのは愚かな人ということで、この字を用います。

「尾籠」は当て字。この音読みから、「びろう（＝無礼・汚らしい）」という和製漢語ができました。

関連 **をこ**【痴・烏滸・尾籠】名 ❶ 愚かなこと・ばかげたこと

をこがまし【痴がまし】形 ❶ ばからしい ❷ 差し出がましい

252
せうそこ【消息】名 B

❶ 便り・手紙　❷ 訪れること・とりつぎを頼むこと

手紙も届かず、訪れもないと、消息不明ですね

「e＋う」の発音は「ヨー」。よって、「せう」は「しょう」と発音します。「せうそこ」＝「しょうそこ」ですね。「しょうそこ」は「しょうそく」のことです。漢字「消息」で覚えておけばそのままですね。

「消息を絶つ」とは、「どうしているかという連絡がなくて、わからなくなる」ことですが、つまり、その安否を知らせる❶「便り・手紙」がないのですよね。

古文では、手紙だけでなく、元気かどうか確かめるために直接❷「訪れること」も「消息」と表しました。

同義 **あない**【案内】名 ❶ とりつぎを頼むこと

ふみ【文・書】名 ⬇p.130 ❶ 手紙　など

関連 **とふ**【問ふ・訪ふ】動 ❶ 尋ねる ❷ 安否を問う ❸ 訪問する ❹ とむらう

253

ただびと【直人・徒人】名 C

❶（神・仏などに対して）普通の人間
❷（天皇・皇族に対して）臣下
❸（摂政・関白に対して）一般の貴族・官位の低い人

「ただびと」⬇そのまま「ただの人」です。どう「ただの人」なのかが、対象によって❶～❸まであります。「ただうど」とも読みますよ。

僕は天皇 君は 「ただの人」
オレより もっと 「ただの人」
天皇
関白
地方官

同義 **ただうど**【直人・徒人】名（「ただびと」と同じ）

254

ちぎり【契り】名 B

❶約束・前世からの約束
❷因縁・男女や夫婦の縁

前世で「来世でも必ず逢おうね」と約束した2人が夫婦になり**契り**を結ぶ

「**契り**」とは❶「約束」のことですが、それ以上に「前世からの約束」という意味が大事です。この広い地球上で、今、この時代に同じタイミングで生まれてきて出会えている人たちとの縁は、かなり奇跡的な縁ですよね。この奇跡的な縁は「**前世からの運命・因縁**」だと考えられていました。

その中でも特に、つき合って深い関係になる「男女の縁」や、「夫婦になる縁」は「前世からの約束でそういう関係になった」としか思えなかったようです。よって、❷の意味になります。「**契りを交わす**」「**契りを結ぶ**」は、「約束をする」という意味もありますが、「男女が深い関係になる」ということです。

関連 **ちぎる**【契る】動 ⬇p.155

❶夫婦の関係を結ぶ・深い仲になる
❷将来を誓う　など

255 つとめて 名 A

❶ 早朝 ❷ （何かがあったその）翌朝

『枕草子』の「冬はつとめて」でおなじみの「つとめて」です。「冬は早朝がすばらしい」ということですね。

❶「早朝」だけではなく、たとえば、台風が通り過ぎたその翌朝や、男性が女性の家に泊まったその翌朝など、❷「（何かがあったその）次の日の朝」という意味で用いることもあります。

関連 **つとに**【夙に】副 ❶ 朝早く

同義 **あした**【朝】名 ❶ 朝 ❷ （何かが起こった）翌朝

＋α情報

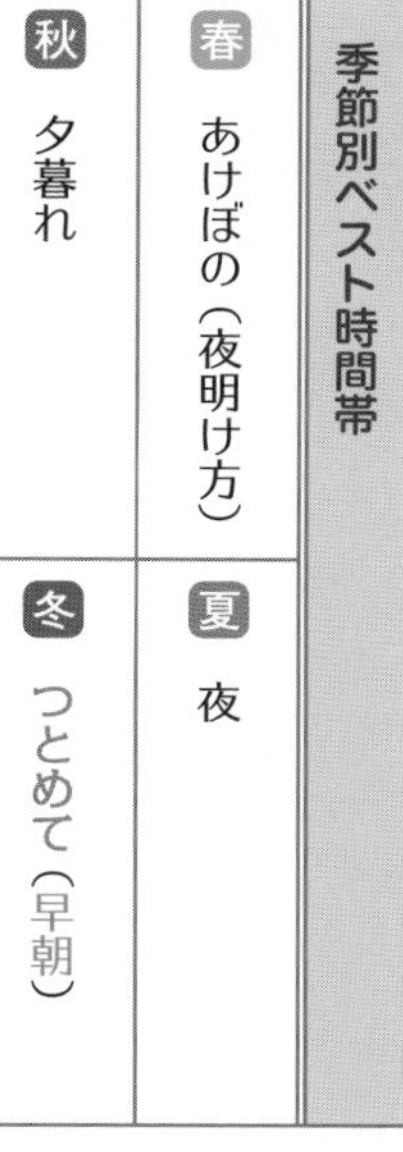

季節別ベスト時間帯	
春 あけぼの（夜明け方）	夏 夜
秋 夕暮れ	冬 つとめて（早朝）

（by 清少納言）

256 ひがこと【僻事】名 A

❶ 間違い ❷ 悪事・道理にはずれた行為

「僻（ひが）」＝間違い！

「僻＋体言」の「僻」は、「間違っている・道理に合わない・ひねくれている」という意味。よって、「ひがこと」は❶「間違い・あやまち」と、❷「悪事・道理にはずれた行為」です。「ひがごと」とも読みます。他の「僻〜」も挙げておきます。

同義 **ひがわざ**【僻業】名 ❶ 間違い

関連 **ひがおぼえ**【僻覚え】名 ❶ 記憶違い

ひがごころ【僻心】名 ❶ 思い違いした心・ひねくれた心

ひがぎき【僻聞き】名 ❶ 聞き違い

ひがみみ【僻耳】名 ❶ 聞き違い

ひがめ【僻目】名 ❶ 見間違い ❷ よそ見

ひがもの【僻者】名 ❶ ひねくれ者・変わり者

ひがひがし【僻僻し】形 ❶ ひねくれている・情趣を解さない ❷ 変だ

257

ふみ【文・書】名 A

❶ 文書・書物
❷ 手紙
❸ 学問（特に漢学）
❹ 漢詩

漢字で「文・書」。2つ合わせて❶「文書」。文書（＝文字で書きつけたもの）をまとめたものが、「書物（本）」です。

❷「手紙」は、たとえば、今でもラブレターを「恋文」といいますね。

貴族は「書物」をたくさん読んで勉強します。特に男性貴族は「中国の学問（漢学）」ができるかどうかがエリートの条件でもありました。よって、❸「学問・漢学」です。

❹「漢詩」は、漢学を学ぶうえで必須ですね。

なんだこの手紙？　こ、これはもしや恋ぶみ!?

!!

258

いとど 副 A

❶ ますます・いっそう

「いと」＋「いと」＝「いとど」です。

左に示したとおり、「いと」＝「とても・たいそう」ですよね。

「いとをかし（＝たいそう趣がある）」の「いと」です。

「いとど」⬇「いといと」＝「とてもとても」⬇「さらにいっそう、ますます」です。「とてもとても元気」⬇「さらにいっそう、ますます元気！」ということですよね。

いと（とても）＋いと（とても）＝いとど（ますます）

関連 **いとどし** 形 ❶ますます激しい

いと 副 ❶とても・たいそう ❷（＋打消）たいして（〜ない）

259 かく（かう）【斯く】副 A

❶ こう・この・このように

「かく」は「こう・この・このように」など「こ」関係の指示語。「かく」+ラ変動詞「あり」が略された「かかり」も、文章中によく出てきます。「かか+ら・り・る・れ」は、「かく+あり」だと理解してください。たとえば「かからば」=「こうならば」、「かかること」=「このようなこと」など。

「かく」とあわせて覚えておけばよいのが「さ」と「しか」。「そ」関係の指示語です。「さ+ら・り・る・れ」「しか+ら・り・る・れ」も「かかり」と考え方は同様です。

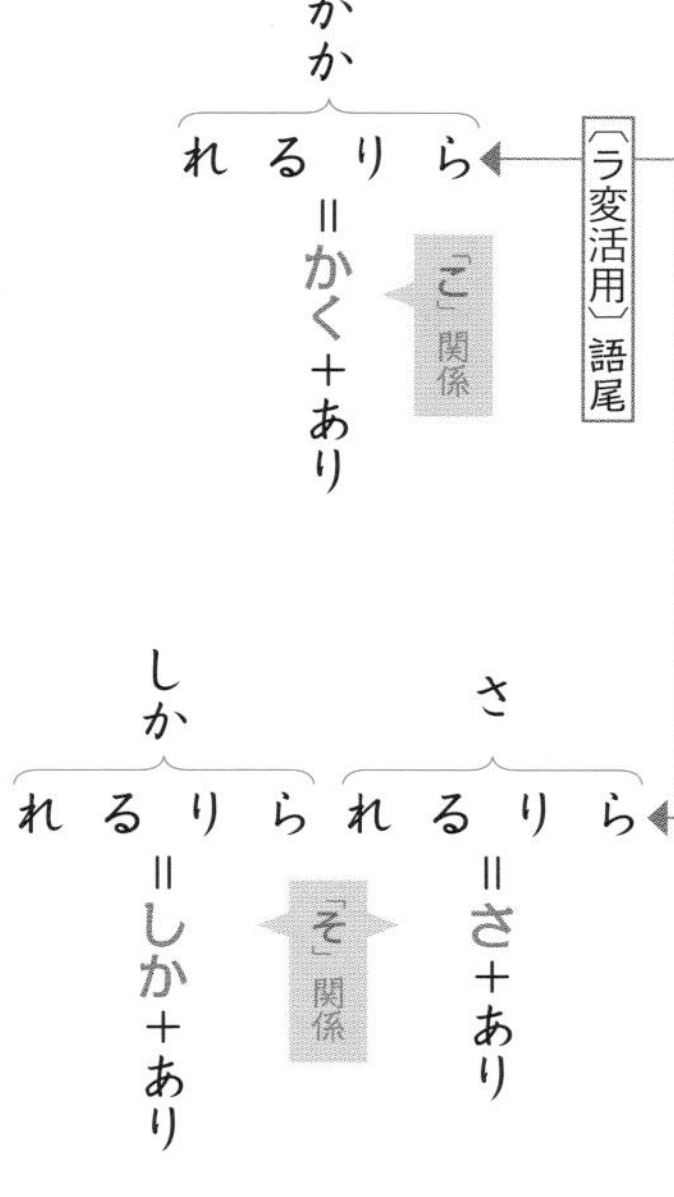

関連 さ【然】副 ❶ そう・その・そのように

しか【然】副 ❶ そう・その・そのように

260 なでふ（ナンジョウ）❶連体 ❷・❸副 B

❶〈疑問・反語〉何という・どんな（+体言）
❷〈疑問〉どうして
❸〈反語〉どうして〜か、いや、〜しない

「なにという」⬇「なにてふ」⬇「なんでふ」⬇「なでふ」となりました。よって、「なでふ」=❶「何という」です。

「なでふ こと （+動）」は❶「何という こと ・どんな こと （を〜するのか〔いや、〜しない〕）」という疑問か反語。

下が体言でなければ、単純に❷疑問か、もしくは❸反語です。

「なでふ こと を言う！」
何という

「なでふ怒るの？」
どうして

261 さばれ 感動 B

❶ どうにでもなれ・ままよ

「さもあればあれ（＝そうあるならばそうあってしまえ！）」の略で「さばれ」です。つまり、「どうにでもなれ」ということです。

「ままよ」という現代語、わからない人もいると思いますが、同じ「どうにでもなれ」という意味です（私も高校生の頃、選択肢で「えい、ままよ」を初めて目にしたとき、「は？」となりました）。

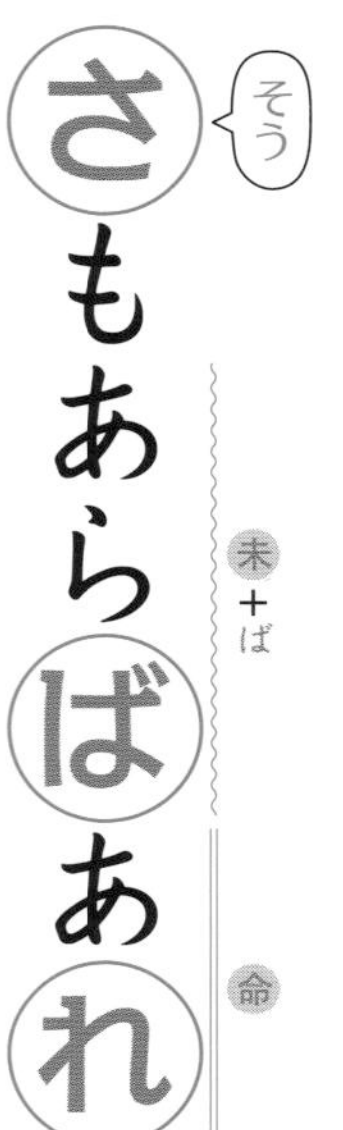

⬇「そうあるならばあってしまえ！」
つまり「どうにでもなれ！」

同義 **さはれ**【然はれ】感動
さはあれ【然は有れ】連語
さもあれ【然も有れ】連語
さもあらばあれ【然も有らばあれ】連語
→ どうにでもなれ ままよ

---

262 さればよ【然ればよ】連語 B

❶ やっぱりだ・思ったとおりだ

261の「さばれ」と見た目は似ていますが、意味は全然違います。「やっぱり！」というときに、「さればよ」と使いました。「さればこそ」も同じ。

「さばれ」と「さればよ」、どっちがどっちだかわからなくなったときは、「さばれ」が「さもあればあれ」の略だということを思い出してください。そうすると、直訳すれば「さばれ」＝「どうにでもなれ」だとわかるので、「さればよ」＝「やっぱりだ・思ったとおりだ」とわかりますよね。

「さればよ」＝

同義 **さればこそ**【然ればこそ】連語
❶ やっぱりだ・思ったとおりだ

263 ～がり【～許】 接尾 A

❶ ～のもとへ

なんちゃってゴロ お寿司のもとへガリをつけておこう！
＊ガリ＝生姜の甘酢漬け。お寿司屋さんの用語

上代では「君がり」のように、「人を表す体言＋がり」の形で「人のもとへ」と使っていました。

平安時代には「人のがり」と、「の」をつけて用いることが多くなりました。たとえば、「医師のがり」＝「医者のもとへ」、「女のがり」＝「女のもとへ」です。

264 いざたまへ【いざ給へ】 連語 C

❶ さあ、いらっしゃい

「いざ来させたまへ」⬇「いざさせたまへ」⬇「いざたまへ」です。「いざ」は感動詞で、「さあ」の意味。「さあ！ 一緒に頑張りましょう」など、人を誘うときの「さあ！」です。よって、「いざたまへ」は、もとの「いざ来させたまへ」から「さあ、いらっしゃい」です。

状況によって、自分が出かける側だと、「さあ、行きましょう」という訳にもなるので臨機応変に。

関連 **いざ** 感動 ❶ さあ（人を誘うときの「Let's」）

いさ 副・感動 ❶ さあ（どうだかわからない）

＊「いさ知らず」の形で多く用いられる

省略途中の「いざさせたまへ」で出てくることもありますよ！

第8節

265 いふ(ウ)もおろかなり

【言ふもおろかなり】 連語 A

❶ 言っても言い尽くせない・言うまでもない

形容動詞「おろかなり」の意味は、「おろそかだ・いいかげんだ」でしたね（→p.42）。

「いふもおろかなり」は「**言葉で説明したらおろそかになってしまう**」→「言葉で説明することなんてできない」→「言っても言い尽くせない・言うまでもない」ということです。

同義語がたくさんありますので、まとめて覚えましょう。

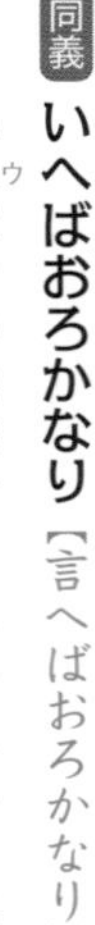

言ふもおろかなり

↓ 言ってもいいかげんになっちゃう

＝言葉にできない

同義 **いへ(エ)ばおろかなり**【言へばおろかなり】連語

いふ(ウ)べきかたなし【言ふべき方無し】連語

＊「かた」＝「方法」

いふ(ウ)べきにもあらず【言ふべきにも有らず】連語

いふ(ウ)べくもあらず【言ふべくも有らず】連語

いふ(ウ)ばかりなし【言ふばかり無し】連語

---

266 いへ(エ)ばさらなり

【言へば更なり】 連語 A

❶ 今さら言うまでもない・もちろんのことだ

「言へばさらなり」で、「言うなんて今さら？」というイメージ。

形容動詞「さらなり【更なり】」＝「言うまでもない・もちろんだ」は、「いへばさらなり」や「いふもさらなり」の、「いへば」と「いふも」が省略された形です。

こちらも同じ意味を表す語がいくつかありますので、あわせて覚えておきましょう。

言へばさらなり

同義 **いふ(ウ)もさらなり**【言ふも更なり】連語

さらなり【更なり】形動

さらにもいは(ワ)ず【更にも言はず】連語

さらにもあらず【更にもあらず】連語

267

かずならず【数ならず】連語 B

❶ とるに足りない・ものの数ではない

「かずならず」＝「数」＋断定の助動詞「なり」の未然形「なら」＋打消の助動詞「ず」。「かず【数】」には、「取り立てて数える価値のあるもの」という意味があります。つまり、「かずならず」は「価値あるもの（や人間）ではない」ということです。それを「とるに足りない」や「ものの数ではない」と表します。

この表現、よく自分自身を謙遜（けんそん）するときに使用したようです。「私なんて数ならぬ身ですから……」のように。「私なんぞ価値のない、とるに足りないような人間です」ということです。

自分以外に使用したときは、もちろん悪口です。

自分が「**数ならぬ身**」（謙遜表現）

⬇ 私なんて人間の数にも入らないような価値のない人物

相手に「この**数ならず**！」

⬇ おまえなんか数える価値もないわっ！

268

けしうはあらず【怪しう（異しう）はあらず】連語 C

❶ 悪くはない

形容詞「けし【怪し・異し】（＝異様だ・変だ）」を打消した表現で、「異様ではない・変ではない」⬇「悪くはない」という意味です。

「けしうはあらぬ女」なら、最高にすばらしい女性とまではいかないけれど、「そう悪くはない女」、今風にいえば「まあまあイケてるんじゃない？」ということです。

少しややこしいのが、「けしからず【怪しからず】」という単語。これも「けし」を打ち消しているのに、「けし」と同じく「異様だ・変だ・よくない」と訳します。「**けし」なんて言っていられないくらい「けし」**だという解釈なのですが、私は、『けしからず』は『けしからん（＝**よくない**）』！」と、ゴロのように覚えていました。

関連 **けし**【怪し・異し】形 ❶ 異様だ・変だ ❷ 不実だ
けしからず【怪しからず】連語
❶ よくない ❷ 異様だ・変だ

第8節

269

さらぬわかれ【避らぬ別れ】連語 B

❶ 死別

直訳は「**避けられない別れ**」です。人はいつか必ず死にます。人だけではなく、生あるものが必ずいつかは死ぬのは世の運命(さだめ)ですね。「死」からは逃れられないのです。「避けられない別れ」=「死別」です。

ちなみに「さらぬ」には、この「避らぬ=避けられない」以外に、「然らぬ=そうでない・それ以外の」や「去らぬ=去らない」もあるので、気をつけましょう。

避らぬ別れ＝死別

関連 **さらぬ**【避らぬ】連語 ❶ どうしても避けられない

さらぬ【然らぬ】連語 ❶ そうでない・それ以外の ❷ なんでもない

さらぬ【去らぬ】連語 ❶ 去らない

270

さるべきにやありけむ【然るべきにやありけむ】連語 A

❶ 当然そうなるはずの運命だったのであろうか

直訳は「当然しかるべきであったのだろうか」ですが、そこから「そういう運命(宿縁(しゅくえん))だったのだろうか」という意味で、特に**男女関係に関する場面**でよく使われる言葉です。

現代だと「僕と君がこうなることは運命で決まっていたのだろうか」と、傍(はた)から聞いていると赤面してしまいそうなセリフですが、古文ではこういう言葉がよく使われています。

「ありけむ」が省略されて、「**さるべきにや**」だけの場合も。

関連 **さるべき**【然るべき】連語 ❶ 適当な・相応な ❷ そうなる宿縁である ❸ 立派な・ふさわしい

しかるべし【然るべし】連語 (「さるべき」と同じ)

271 そでをぬらす【袖を濡らす】連語 A

❶泣く

どうして袖がぬれているのか？「涙」を袖でぬぐったからです。

「袖を濡らす」＝「涙で袖が濡れている」＝「泣く」です。

古文には、失恋したり、出家したり、病気になって亡くなったりと、悲しいお話がけっこうたくさんあります。「涙」や「泣く」系のさまざまな表現も覚えておきましょう。

袖を濡らす

涙をふいたから袖が濡れちゃった……

泣く

袖を絞る

ギューッ

ポタポタ

袖を絞るほど水びたし……すっごく泣いたんだね……

関連 **そでをしぼる**【袖を絞る】連語 ❶ひどく泣く

そでのしがらみ【袖の柵】連語 ❶涙を押さえる袖

＊袖を、川の水の流れをせき止める柵にみたてた表現

そでのつゆ【袖の露】連語 ❶悲しみの涙

つゆ【露】名 ❶水滴・露 ❷涙 ❸わずかなこと ❹はかなく消えやすいこと（＝「命」のたとえ）

272 なにおふ（ウ）【名に負ふ】連語 B

❶名として持つ
❷有名だ・評判だ

「名に負ふ」＝「名前を背負っている」です。❶はそのまま「名として持つ」ですね。

もう1つは、「**名前という看板を背負っている**」とイメージしてください。「看板を背負う」＝「代表者として振舞う」ということです。「代表者」は、その世界で❷「有名・評判」ですよね。

名にし負はば
いざこと問はむ
みやこどり
わが思ふ人は
ありやなしやと

「都鳥」って名前なんだから都のこと何でも知ってるだろう？都にいる僕の好きな子、元気かな？
知るわけねーだろ

みやこどり
（今の「ゆりかもめ」）

第8節

273

われかひとか【我か人か】連語 C

❶ 自他の区別がつかないほど正体を失っている様子
茫然自失（ぼうぜんじしつ）の状態
我を忘れて取り乱す様子

イメージ モテ男が大好きな彼女にフラれた直後。かなりのショックを受けて、「オレが？ われかひとかわからなくなり、他の人の間違いでは？ え？ このオレが!? は？ え？」と茫然自失状態

「**自分なのか他人なのかわからない**」というのは、かなり切羽詰まった状態ですよね。「茫然自失」の状態です。

同じ意味を表す語が複数あり、すべて大事ですので、あわせて覚えておきましょう。

同義 **われか**【我か】連語
われかのけしき【我かの気色】連語
あれかにもあらず【吾かにも非ず】連語

単語は、残すところは敬語のみ！
「第2章」はここまでです。
273／300の単語を学習してきました。
残り27語、頑張ろう!!

敬　語

敬語の種類

●尊敬語……主語（〜は・が）を敬う

例 先生がおっしゃる。尊

《「先生」に対する敬語》

●謙譲語……客体（〜を・に）を敬う

例 （私があなたに）暑中お見舞い申し上げます。謙

《「あなた」に対する敬語》

●丁寧語……地の文↓読者、会話文↓聞き手を敬う

例 先生が生徒に「覚えました丁1か？」と言いました丁2。

《丁1「生徒」に対する敬語　丁2「読者」に対する敬語》

◉最高敬語……（地の文中で）皇族関係者や、左大臣などの特に高貴な貴族などに使用する敬語。
よって、最高敬語がわかると主語把握がしやすくなり、とっても便利！
＊会話文中では誰にでも使用できるので注意。

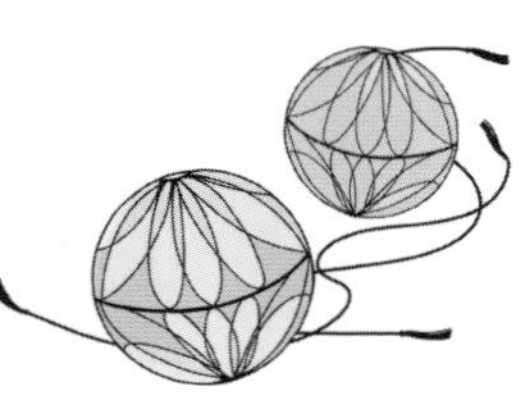

第9節 尊敬語

例文リスト ⬇p.250

＊◉マーク＝最高敬語（以下同）

274 **あそばす** ◉ 動 B

❶ なさる 《「いろいろな動作をする」という意味の尊敬語》

275 **おほとのごもる**【大殿籠る】◉ 動 A

❶ お休みになる 《「寝」の尊敬語》

「大殿」は「寝殿」のこと。「寝殿にこもる」⬇「寝る」ということです。

おおっ、殿が部屋に籠って お休みになる

276 **ごらんず**【御覧ず】動 C

❶ ご覧になる 《「見る」の尊敬語》

ほぼ現代語！余裕ですね

277 **おはす** 動 A

❶ いらっしゃる 《「あり」「居り」「行く」「来」の尊敬語》

全部「いらっしゃる」でカバー！

同義 **おはします** ◉
います【坐す・在す】
いまそがり【坐そがり・在そがり】
ます
まします ◉

＊似ている敬語は、**長いほう**が大体「最高敬語」。ただし、**「いまそがり」は最高敬語ではない**ので気をつけましょう。

278 **279**

たまふ(モウ)【給ふ・賜ふ】四段 動 A

たまはす(ワ)【賜はす】◉ 動 C

❶ お与えになる 《「与ふ」の尊敬語》

同義 **たぶ**【給ぶ・賜ぶ】

*「たまふ」「たまはす」「たぶ」のイメージは p.144 下段を参照。

280

おぼす【思す】動 A

❶ お思いになる 《「思ふ」の尊敬語》

同義 **おぼしめす**【思し召す】◉

おもほす(オ)【思ほす】

「おぼす」の読みも大事です！

281 **282**

おほす(オ)【仰す】動 A

のたまふ(モウ)【宣ふ】動 A

❶ おっしゃる 《「言ふ」の尊敬語》

同義 **のたまはす**(ワ) ◉

*「おほす」「のたまふ」「のたまはす」のイメージは p.144 上段を参照。

283

きこす【聞こす】動 B

❶ お聞きになる 《「聞く」の尊敬語》

同義 **きこしめす**【聞こし召す】◉

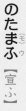

284 **しろしめす【知ろし召す】** 動 B

*【領ろし召す】とも表記

❶ お治めになる 《「治む」「知る」の尊敬語》

❷ 知っていらっしゃる

285 **めす【召す】** 動 B

❶ お呼びになる 《「呼ぶ」の尊敬語》

❷ 召し上がる 《「食ふ」「飲む」の尊敬語》

❸ お召しになる 《「着る」の尊敬語》

❹ お乗りになる 《「乗る」の尊敬語》

ちなみに「めす」には、「見る」の尊敬語「見す（めす）」（ご覧になる）と、「治む」の尊敬語「治す（めす）」（お治めになる）もあります。

あのへんはどうだ？

このへんの土地はどうなっている？

知ろし召す

＝

尊 お治めになる

治めるためには

「知る」ことが必要

（「知っていらっしゃる」もアリ）

少し荒れております

第9節

286 うけたまはる【承る】動 B

❶ 伺う
❷ いただく・《「聞く」「受く」の謙譲語》

尊 おっしゃる
＝
おぼす
のたまふ
のたまはす
➡p.142
エライ人
召使
承る
＝
謙 伺う

287 まゐる(1)【参る】動 A

288 たてまつる(1)【奉る】動 A

289 まゐらす【参らす】◎ 動 C

❶ 差し上げる《「与ふ」の謙譲語》

＊「まゐる」「たてまつる」の詳細は➡p.147を参照。

290 たまはる【賜(は)る・給(は)る】動 B

❶ いただく《「受く」の謙譲語》

例文リスト ➡p.252

291 **つかまつる**【仕る】動 A

292 **はべり**(1)【侍り】動 B

293 **さぶらふ**(1)【候ふ】動 B

❶ お仕えする 《「仕ふ」の謙譲語》

同義 **つかうまつる**【仕う奉る】

*「はべり」「さぶらふ」の詳細は p.149 を参照。

294 **まうす**【申す】動 A

77 **きこゆ**(2)【聞こゆ】動 A

295 **きこえさす**【聞こえさす】◉ 動 B

❶ 申し上げる 《「言ふ」の謙譲語》

*「きこゆ」の詳細は p.48 を参照。

*「まうす」「きこゆ」「きこえさす」のイメージは p.142 下段を参照。

---

296 **そうす**【奏す】◉ 動 A

❶ 天皇に申し上げる 《「言ふ」の謙譲語》

上皇（**譲位した天皇**）・法皇（**出家した上皇**）にも使えます。

297 **けいす**【啓す】◉ 動 A

❶ 中宮・東宮に申し上げる 《「言ふ」の謙譲語》

「中宮」は**天皇の正妻**、「東宮（春宮）」は**皇太子**。中宮と東宮のどちらに申し上げているかは、文脈から判断しましょう。

287 298

まゐる(2)【参る】動 A

まうづ【詣づ・参づ】動 B

❶ 参上する

《「行く」「来」の謙譲語》

299 300

まかる【罷る】動 A

まかづ【罷づ】動 B

❶ 退出する・おいとまする

《「行く」「来」の謙譲語》

「まか〜」は「退出する」と覚えておきましょう。

まゐる
まうづ

↕

まかる
まかづ

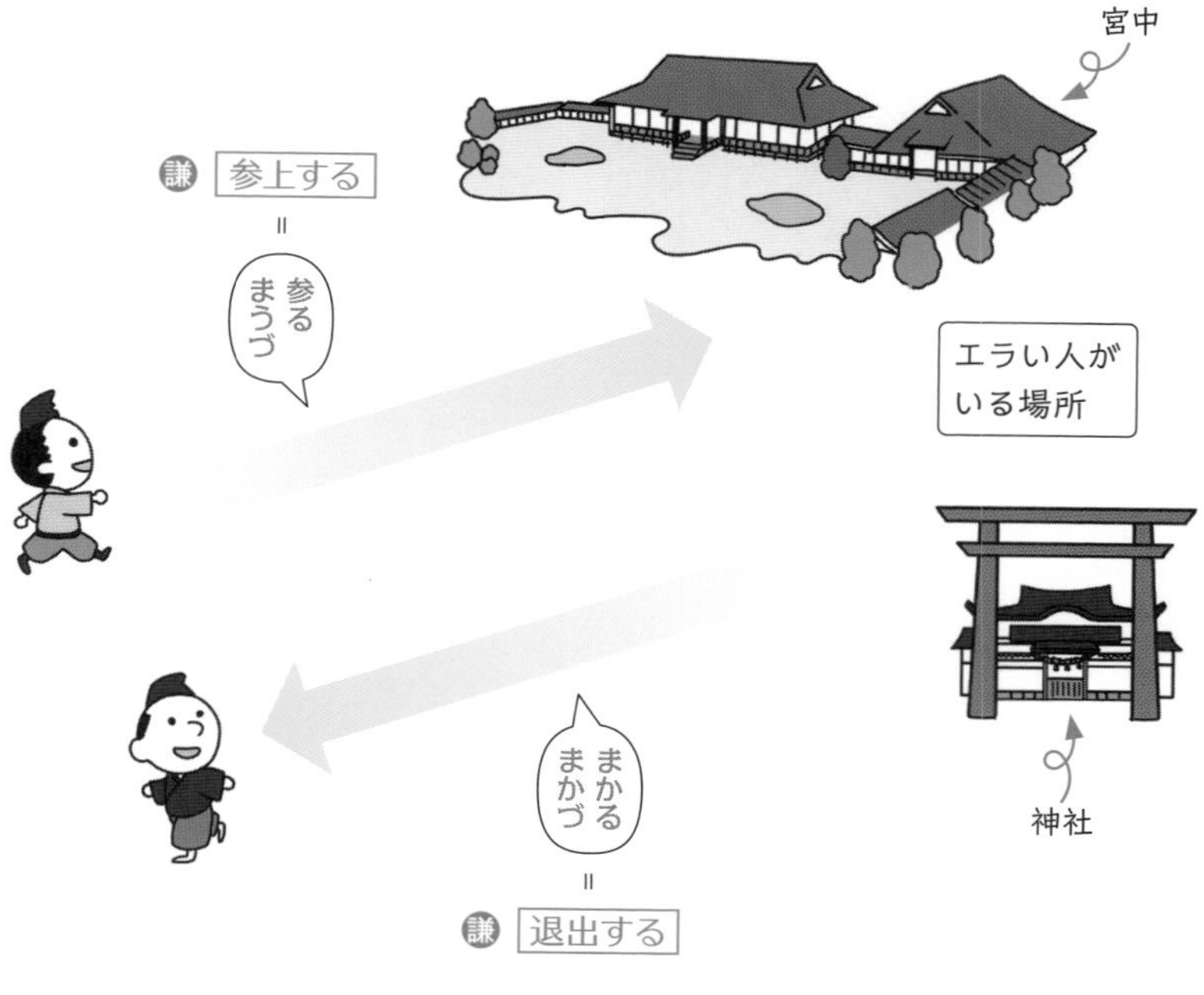

第11節 謙譲語と尊敬語の2種類を持つ敬語

例文リスト p.254

287 **まゐ**[イ]**る**(3)【参る】動 A

288 **たてまつる**(2)【奉る】動 A

❶ 差し上げる 《「与ふ」の謙譲語》

❷ 参上する 《「行く」「来」の謙譲語》

＊「まゐる」だけ

❸ お召しになる 《「着る」の尊敬語》

❹ 召し上がる 《「食ふ」「飲む」の尊敬語》

❺ お乗りになる 《「乗る」の尊敬語》

謙譲語は❶「差し上げる」p.144（「まゐる」は❷「参上する」もアリp.146）でしたね。

ですが、本動詞「参る」「奉る」は、じつは尊敬語の意味も持っています。「衣装・食事・乗り物」系の話で使われていたら尊敬語（❸〜❺）です。「衣装」なら着ているかどうか、「食事」も食べたり飲んだりしているかどうかに気をつけましょう。「衣装」や「食事」をあげていれば、その場合は謙譲語「差し上げる」です。

食事

御酒を参りて酔いなさる
＝
尊 召し上がる
お飲みになる

衣装

＝
尊 お召しになる

乗り物

御車に奉る
＝
尊 お乗りになる

＊本動詞「まゐる」「たてまつる」は尊から考えるのがコツ！

細かい話をすると、「まゐる」は、左にまとめたように「何かをしてさしあげる」なので、「与える」という意味だけの「差し上げる」とは違うのですが、その中の1つの動作として「差し上げる」という訳もありますよね。尊敬語も「召し上がる」しかありませんが、「たてまつる」とセットにして「衣装・食事・乗り物」なら「尊敬」と覚えておいてかまいません。ないものは本文中には出てこないので、支障はありません。「まゐる」と「たてまつる」がまったく同じではないのは承知のうえで、「『まゐる』と『たてまつる』は同じ！」と一緒に覚えましょう。要領よくまとめてしまってOK！

まゐる【参る】

❶ 参上する　《「行く」「来」の謙譲語》

❷ （～を）してさしあげる　《「す」の謙譲語》

❸ 召し上がる　《「食ふ」「飲む」の尊敬語》

謙 差し上げる

文（＝手紙）を奉る

衣装・食事・乗り物

第12節 丁寧語と謙譲語の2種類を持つ敬語

例文リスト ⬇p.255

292 **はべり**(2)【侍り】動 B

293 **さぶらふ**(ロウ)(2)【候ふ・侍ふ】動 B

❶ あります・おります《「あり」「居り」の丁寧語》

❷ お仕えする《「仕ふ」の謙譲語》

「さぶらふ」は、「さふらふ」や「さうらふ」などの表記もあります。

本動詞の「はべり」と「さぶらふ」は基本的には丁寧語で、「あります」「おります」と訳すのですが、謙譲語❷「お仕えする」⬇p.145もありましたよね。

左記が、謙譲語の場合の見分け方です。

貴人
貴人がいる場所 に 侍り／候ふ
＝謙譲語「お仕えする」

敬語の補助動詞

動詞の中には、他の動詞など用言の下につくと、もともとの具体的な意味を失い、補助的な意味を添えるだけになるものがあります。そういう動詞を「補助動詞」と呼びます。

たとえば、「食べてみる」の「みる」は、「視覚によってものをとらえる」という本来の意味を失い、上にある「食べる」に「とりあえず試す」といったニュアンスを添えるだけになっています。これが「補助動詞」です。補助動詞は、**省略しても大意がわかる**のが特徴です（「食べてみる」を「食べる」にしても、だいたいの意味はわかりますよね）。

古文読解の際、特に重要なのは、「尊敬」「謙譲」「丁寧」といった意味を添える敬語の補助動詞です。

たとえば、動詞「**給ふ**」は、「与ふ」や「授く」の尊敬語です。もともと「**与える**」という意味を持っていて、そこに「（エライ人が）～なさる」という尊敬の意味が付加されています。

これが「泣き給ふ」といった具合に、動詞などの下につくと、「与える」の意味がなくなり、「泣く」に尊敬の意味を添えるだけの補助動詞になるのです。

下段に、最低限覚えておくべきものをまとめました。「**種類**」「**単語**」「**訳し方**」の**3セットで覚える**のがポイントです！

尊敬の補助動詞

用言*＋
- 給ふ 四段
- おはす
- おはします

「～なさる」「お～になる」

謙譲の補助動詞

用言*＋
- 奉る
- 申す
- 聞こゆ
- 参らす

「お～し申し上げる」「お～する」

丁寧の補助動詞

用言*＋
- 侍り
- 候ふ

「～です」「～します」「～でございます」

＊他に「助動詞」「動＋て」「体言に（て）」などの場合もアリ。

第4章

古文常識

- 第13節 和歌
- 第14節 恋愛
- 第15節 縁起・占い
- 第16節 病気・死
- 第17節 出家
- 第18節 官位
- 第19節 衣装・住居
- 第20節 文学史・作品常識

第13節　和歌

●「大和歌（やまとうた）」「言の葉（ことのは）」「三十一文字（みそひともじ）」

和歌のこと（ちなみに「唐歌（からうた）」＝「漢詩」）。

●「腰折れ」「腰折れ歌」

へたな歌（三句目〔＝腰の句〕と四句目がうまく続いていないことから）。

●「引き歌」

和歌の一部分を引用すること。

ポイント

引用外が重要！

●返歌は「即」がマナー！

和歌を詠みかけられた場合⬇その場ですぐに返歌！
手紙としてもらった場合　⬇すぐに返歌をする！

ただし、へたな返歌を詠むくらいなら、しないほうがマシとも考えられていた。

●「当意即妙（とういそくみょう）」

すぐに、その場にふさわしく、機転をきかせること。当意即妙の歌を詠んだことにより、ほうびをもらえたり、罪が許されたりする話も多い。

●和歌がうまいかどうかがモテるか否かの分かれ道！

（「第14節　恋愛」参照）

ポイント

在原業平（ありわらのなりひら）や和泉式部（いずみしきぶ）など、当時モテモテだった人たちの共通点は、和歌がものすごくうまい！

第14節 恋愛

- 「垣間見(かいまみ)」
  男性が女性の家（部屋）を「垣根の間からのぞき見る」行為のこと。貴族の女性は、基本的には部屋の中にいるので、男性は女性の家をのぞいてお目当ての女性を探す。
- 「懸想文(けそうぶみ)」
  恋文。要は「ラブレター」のこと（その手紙の中には必ず「和歌」を書く）。
  - 渡し方＝男性貴族⬇男性貴族の召使⬇女性貴族の女房⬇女性貴族
- 懸想文をもらった「女性の反応」
  - ＯＫ⬇返歌をする。
  - ×⬇
    ❶ 懸想文に見向きもせず、受け取りすら拒否。
    ❷ ひとまず目は通すが、中身が問題（＝ヘタクソな和歌）であれば、返歌はしない。
    だから、「和歌」は恋愛において超重要！
    ❸ 「お断りの返歌」をするマメな女性もいる。

＊❸の場合、まだ見込みアリ。本当はＯＫなのに最初はあえて断りの返歌を送る場合も多々あるので、要注意。
＊「×」でもあきらめきれない男性が無理やり夜中に女性の部屋に忍び込んで……という話もあります。

- 文通（和歌のやりとり）開始
  女性の返歌がじょうずであれば、男性はさらに夢中になり、また手紙を送って文通が始まる＝交際スタート。
- 手紙で会う約束ができたら、夜中に男性が女性の部屋に逢(あ)いに行き、男女の関係を結ぶ。

ポイント

昔は「一夫多妻制(いっぷたさいせい)」なので、妻（愛人・恋人）が複数いても普通ですが、昼間にいろいろな女性の家に行くのはマナー違反。夜、暗いときにこっそり逢いに行き、朝、明るくなる前（暁(あかつき)）に帰るのが鉄則！

●その日の最初の鳥の鳴き声

男性が帰る時間の合図になる。

●「後朝（きぬぎぬ）の文（ふみ）」

会った帰り道か自宅に帰ったあと、女性へ送る手紙のこと。これを送るのがマナー。早ければ早いほど愛情が深い証とされる。後朝の文がないのは、女性にとって相当ショックなこと。

●男性が女性の部屋に3日連続で通えば結婚成立！

●1日目しか来ず、それっきり⬇それまでの関係だったということ。

●連続では来ないけれど、間をあけて通ってくる⬇「嫌われてはいないけど遊びレベル」という、割りきったおつき合い。

●男性が2日連続で通ってきてくれた場合⬇明日も来てくれたならば「本気」、来てくれなかったならば「遊び（愛人・ただの恋人レベル）」なので、3日目に男性が来るか来ないかが超重要事項！

●「通ひ（ィ）婚」

男性が女性の家に通うこと（結婚成立後は連続でなくてもよい。ちなみに、3年連続で通って来なければ「離婚成立」と見なされる）。

ポイント

男性が、いちばん特別な女性を家に引き取って同居している場合もあります。

「結婚関係・深い仲になる」を意味する言葉

見出し語	現代語訳
よばふ（ボウ）【呼ばふ】動 C ⬇p.46	❶求婚する　❷何度も呼ぶ・呼び続ける
あふ（ウ）【逢ふ・会ふ・合ふ】動 A	❶結婚する　❷出会う　❸出くわす
かたらふ（ロウ）【話らふ】動 B ⬇p.46	❶親しくつきあう　❷男女が言い交わす　❸語り合う　❹説得して仲間として誘い入れる
みる【見る】動 A ⬇p.95	❶男女が深い仲になる・夫婦となる　❷目にする　❸見て判断する・理解する　❹経験する　❺世話をする
みゆ【見ゆ】動 B ⬇p.47	❶（女が）結婚する・妻となる　❷見える　❸思われる・感じられる　❹（人に）見られる　❺会う
ちぎる【契る】動 B ⬇p.128 ＊「契りを結ぶ」も同じ。	❶夫婦の関係を結ぶ・深い仲になる　❷将来を誓う　❸約束する
ちぎり【契り】名 B ⬇p.128	❶約束・前世からの約束　❷因縁・男女や夫婦の縁

●「あふ」～「みゆ」は、「会う＝深い関係になる」が理解できているとわかりやすいのです。直接「話す（語らふ）」＝「会う」、顔を直接「見た」り「見られたり」⬇「会っている」ということですよね。

第15節

縁起・占い

●「物忌み」

陰陽道（天文道。占術と呪術の体系➡要は「占い」）で、暦に記された凶日や、「悪夢を見た」などの不吉な日に、**その日が過ぎるまで身を清めて家にこもること。**

また、神事に奉仕するときに、飲食や日常的な行為などを一定期間慎み、**心身を清めること。**

●「方塞がり」

「行きたい方角に天一神などの神様がいたら、その方角に進むと災いを受ける」と昔の人は信じていたので、そちらに進むことを避けた。「方塞がり」は、行きたい方角がその方角に当たること。

●「方違へ」

方塞がりの場合に、一度違う方角の吉方の家に泊まり、そこから方角を変えて目的地に行くこと。

●「陰陽師」（「おんみやうじ」とも）

天文道や占いなどを専門にしていた者たち。平安時代の安倍晴明が有名。天皇から命じられて占ったり、儀式を行ったりもしていた。

●「夢解き」

夢を占ってくれる専門家。「解読不能な夢」を見たら、「夢解き」に占ってもらう。

●よい夢➡**他の人には絶対に話さない！**　話すと、その夢が叶わなくなると考えられていた。

●悪い夢➡「**夢違観音**」に懸命にお祈りをして、悪夢をよい方に転換しようとした。

ポイント

古文の世界では、「夢」も「うつつ（＝現実）」です。「夢を取る」「夢を買う」という行為もしていました。

第16節

病気・死

●「物の怪（もののけ）」
死霊（しりょう）や生霊（いきりょう）のこと。これらに憑（と）りつかれて病気になると思われていた。ちなみに「お産の苦しみ」も「物の怪」が原因と考えられていた。

●「加持祈禱（かぢきとう）」
物の怪を追い払うお祈りや儀式をすること。

「病気」を意味する言葉

《再度確認しておきましょう》

見出し語	現代語訳
わづらふ【煩ふ】 動 C p.97	❶ 病気になる ❷ 苦しむ・悩む
なやむ【悩む】 動 B p.76	❶ 病気になる ❷ 困る・苦しむ
なやまし【悩まし】 形 C	❶（病気、または心理的に）気分が悪い・苦しい

見出し語	現代語訳
ここちあし【心地悪し】連語 B	❶ 気分が悪い・病気である
れいならず【例ならず】連語 B p.77	❶ 病気だ ❷ いつもと違っている（「妊娠」の意もある）
いたつき【病き・労き】名 C	❶ 病気 ❷ 苦労
あつし【篤し】形 C p.77	❶ 病気が重い・病気がちである（「危篤」で覚えておく）
おこたる【怠る】動 A p.77	❶ 病気がよくなる ❷ なまける

「死」を意味する言葉

《再度確認しておきましょう》 ⇒p.78

見出し語	現代語訳
うす【失す】動 A	❶死ぬ ❷消え去る・いなくなる
かくる【隠る】動 C	❶死ぬ ❷隠れる
みまかる【身罷る】動 B	❶死ぬ
はかなくなる【果敢無く成る】連語 B	❶死ぬ
むなしくなる【空しく成る】連語 C	❶死ぬ
いたづらになる【徒らに成る】連語 C	❶死ぬ ❷無駄になる・だめになる
あさましくなる 連語 C	❶死ぬ
いふ(ウ)かひ(イ)なくなる【言ふ甲斐無く成る】連語 C	❶死ぬ

第17節 

● 出家

仏門（ぶつもん）に入る（＝お坊さん・尼さんになる）こと。

ポイント

現代人の感覚とは違い、世俗（＝今、生活していることの世の中のもの）をすべて捨てて仏門に入ります。つまり、親・兄弟・子どもなどの家族、恋人、職業、地位、名誉、お金などとの**関係を断つ**のです。そして、山にあるお寺にこもってひたすら仏道修行（ぶつどうしゅぎょう）に励むのが「出家」です。

●「ほだし【絆】」 ⬇p.75

出家の妨げとなるもの。具体的には、子どもや親、恋人などの大切な人の存在。

＋α情報

本来は、馬の足の自由を奪い歩けないようにする綱「ふもだし」のこと⬇手足の自由を奪う道具の意味⬇「自由を束縛するもの」⬇「出家（をする自由）を妨げるもの」の意味で用いることが多くなった単語でしたね。

● 出家の目的

極楽往生（ごくらくおうじょう）（＝死んだら極楽へ行くこと）のため。

ポイント

昔の人の夢は「極楽往生」。出家をして、一生懸命に仏道修行をすれば極楽往生できる、と信じていました。「現世ですべての欲を捨てて、一心不乱に仏道修行をすれば、死後に幸せになれる」と考えられていたのです。

● 失恋や大切な人（結婚相手、恋人、家来にとってはご主人様）の死などで、すべてを捨てて逃げ出したくなる瞬間が襲ってきたときに「出家」を選ぶ人もいた。

「出家」を意味する言葉

《再度確認しておきましょう》⇒p.73・74

見出し語	現代語訳
世を出(い)づ A　世を捨(す)つ A 世を厭(いとウ)ふ A　世を背(そむ)く A 世を離(か)る A　世を遁(のが)る A	❶ 俗世間（＝憂(う)き世）が嫌で離れる・捨てる・逃げる ⇒出家する
さま（を）かふ(ウ)【様（を）変ふ】A かたちをかふ(ウ)【形を変ふ】A	❶ 見た目が変わる ⇒出家する
かしらおろす【頭下ろす】A みぐしおろす【御髪下ろす】A	❶ 剃髪(ていはつ)する ⇒出家する
やつす【俏す・窶す】動 A	❶ みすぼらしく姿を変える ⇒出家する
まことのみちにいる【真の道に入る】C	❶ 仏道の世界に入る ⇒出家する
ほつ(ッ)しんす【発心す】動 C	❶ 仏教心を起こす ⇒出家する

●「やつす」は「みすぼらしく、目立たないように姿を変える」の意味。いつも「出家する」の意味とは限らないので、要注意でしたね！

第18節

官位

●「官位」の「官」は「官職名（＝司）」、「位」は「位階」のこと。

「三位の大納言」⬇「三位」＝「位階」、「大納言」＝「官職名」。あわせて「官位」。

●位階

「冠」という（貴族の男性は冠をかぶるが、その冠の色が各位で決まっているから）。

ポイント

「どの位が何色なのか」などを覚える必要はありません。ですが、「昇格も降格も、冠の色ですぐにわかってしまうという熾烈な環境にいた」と知っておくと、出世に命をかけるほど執着した人がいたことも、少しは理解できますよね。一位＝太政大臣、摂政・関白／二位＝左大臣、右大臣、内大臣／三位＝大納言、中納言などですが、こちらも完璧にマスターする必要はありません。ただし、「太政大臣、左大臣、右大臣」など＝とってもエライ人（⬇二重尊敬を使用しているかも！）ということは把握しておきましょう。

●「上達部」（「かんだちべ」とも）

一～三位の人たちのこと。

別名 「公卿」「月客」「月卿」など。「月」にたとえられていた。

●「殿上人」

殿上の間（＝天皇が昼間にいる部屋の隣室）に昇殿（＝入ること）が許された人たちのこと。具体的には四・五位の人たちと六位の蔵人。

基本的に、五位以上の人たちには昇殿が許されているが、一～三位は「上達部」と呼ばれる。

蔵人は、帝の身のまわりのお世話をする役職であったので、六位でも昇殿が許されていた。

別名「雲(くも)の上人(うへびと)」「雲客(うんかく)」。殿上人は、一般人からしたら「**雲の上**の存在」の人たち（同じイメージで「宮中(きゅうちゅう)」＝「雲の上」と表現することもおさえておく）。

●「地下(ぢげ)」

殿上の間に入ることが許されなかった六位以下（蔵人以外）の貴族のこと。

「地面の下」⬇「暗い」⬇「華やかな舞台（部屋）には上がれない」というイメージで覚えておくとよい。

「官位任命式」は年2回

●春……地方官の任命式 ⬇「県召(あがためし)の除目(ぢもく)」

●秋……京および宮中の官吏(かんり)の任命式 ⬇「司召(つかさめし)の除目」

第19節 衣装・住居

「男性」の服飾品

「冠（かうぶり）」「烏帽子（えぼし）」「笏（しやく）」「太刀（たち）」
「指貫（さしぬき）」（袴（はかま）⇒要は「ズボン」）

●衣装姿の名称

●「束帯（そくたい）」

　平安時代以後、朝廷の公事の際に着用した正式の衣装。「昼の装束（ひのさうぞく）」ともいう。夜間に宮中などで職務のために宿泊する際には「宿直姿（とのゐ）」で働く（「宿直姿」は正装ではない）。

●「直衣（なほし）」

　高貴な人々の平服（へいふく）（＝普段着）。正服・礼服ではなく「直（ただ）」の「衣」の意。発音は「のうし」。

　その他、「衣冠（いくわん）」「狩衣（かりぎぬ）」「直垂（ひたたれ）」「水干（すいかん）」なども。

「女性」の服飾品

「袙・扇」（涼を取るだけでなく、衣装用品でもあった）
「単衣」（装束のいちばん下に着た、裏地のつかない単の着物）
「唐衣」（正装する際に、いちばん上に羽織る衣）
「裳」（腰より下の後方にまとい、裾を長く引いた衣）

●衣装姿の名称

●「女房装束」
　女官の正装。「十二単」のこと。「単」など重ね着の一番上に「唐衣」を着て、腰に「裳」をつける。

●「小袿」
　略装の女房装束。

ポイント

古文では、服飾品の名前を聞いただけで「男性が身に着けているのか、女性が身に着けているのか」を判定できるものがあるので、覚えておくと主語把握のときに便利ですよ！

貴族の住居

●「寝殿造」
　平安時代中期に盛んになった建築様式。

●「寝殿」
　中央南面の建物。主人の部屋。表座敷とするところ。

●「北の対」
　夫人の部屋。夫人の部屋は寝殿の北側にあったので「夫人」を「北の方」という。

●「東の対・西の対」
　子どもなど家族の部屋。

●「渡殿」
　建物と建物をつなぐ屋根のある板敷の廊下。**渡り廊下**。

●「釣殿」
　東西の廊下の南端に、池にのぞんで建ててある建物。

●「壺」
　中庭のこと。

●「中島」
　庭園の池の中に築いた島。

●「遣水」
　庭に池を作るため、水を導き入れて作った細い流れ。

これらが「築地（＝**土塀**）」で囲まれているのが「寝殿造」。

●「清涼殿」

天皇の日常生活の御殿。「夜の御殿（＝**天皇の御寝所**）」や「昼の御座（＝**天皇の昼間の御座所**）」などがあり、「昼の御座」の隣に「殿上の間」⬇p.162がある。

＊平安初期は「仁寿殿」で過ごす⬇中期に清涼殿に移動

●「紫宸殿」

内裏の正殿。即位などの公式行事を行う。正面階段下の左右に**桜**と**橘**の木が植えられている。別名「南殿（「なんでん」とも）」。

●「後宮」

天皇が住む正殿よりも北側にある、**天皇の奥様方の部屋**（なんと、内裏（＝皇居）の半分弱程度の広さ！）。七殿五舎の総称（『源氏物語』などにも出てくる「弘徽殿」「淑景舎」などのこと）。

ポイント

内裏の殿舎の名前を全部覚える必要はありませんが、ここにあげたものくらいは知っておきましょう。

第20節 文学史・作品常識

物語

▼伝奇物語（＝つくり物語）

年代［時代］	作品名	成立時期	作者［編者］など	作品内容	ポイント	補足
中古（平安時代）【貴族の時代】	『竹取物語（たけとりものがたり）』	平安前期（9世紀後半～10世紀初め）	―	かぐや姫（ひめ）の物語	『源氏（げんじ）物語』に**「物語の出（い）で来（き）始（はじ）めの祖（おや）」**とある	**現存する最古の物語**
	『宇津保（うつほ）物語』	平安中期（10世紀）	―	―	―	―

年代［時代］	中古（平安時代）【貴族の時代】
作品名	『落窪（おちくぼ）物語』
成立時期	平安中期（10世紀末頃か）
作者［編者］など	—
作品内容	・**継子（ままこ）いじめ物語。**落窪の姫君が継母（ままはは）からいじめられるが、左近（さこん）の少将（しょうしょう）と結婚して幸せになり報復する。最後は全員ハッピーエンド ・姫君の侍女＝阿漕（あこぎ） ・少将の付き人＝帯刀（たちわき）
ポイント	—
補足	—

歌物語

年代［時代］	作品名	成立時期	作者［編者］など	作品内容	ポイント	補足
中古 （平安時代） 【貴族の時代】	『伊勢物語』	平安前期 （9世紀末〜10世紀前半）	―	・「**昔、男（ありけり）**」で始まる ・男＝**在原業平**（在五中将）とされている。業平の一代記	最も多いのは恋愛談	別名『在五が物語』『在五中将日記』
	『大和物語』	平安中期 （10世紀）	―	和歌を中心に独立した話で構成。「姨捨山」が有名	―	―
	『平中物語』		―	好色の**平貞文**が主人公。『伊勢物語』からの影響を受けている	―	―

▼『源氏物語』と、平安時代に成立したその他の物語

年代［時代］	作品名	成立時期	作者［編者］など	作品内容	ポイント	補足
中古（平安時代）【貴族の時代】	『源氏物語』	平安中期の1004～1012年頃成立（**1000年頃**でOK）	作者＝紫式部（一条天皇の中宮彰子に仕えた女房）	・光源氏を中心に、様々な恋愛や政治の権力争いなど、宮廷生活・貴族社会を描く ・「宇治十帖」は、薫と匂宮が浮舟を奪い合う話	・全54帖 ・最後の10帖が「宇治十帖」 ・「**あはれの文学**」	**物語文学史上、最高傑作**とされている。入試頻出作品の一つ
	『堤中納言物語』	平安後期	―	10編（「虫めづる姫君」など）からなる短編物語集	―	―
	『夜の寝覚（夜半の寝覚）』『浜松中納言物語』		作者＝菅原孝標女か？	『浜松中納言物語』は、浜松中納言の亡父が唐の皇子として転生し、渡唐して皇子の母后に恋をする話	『源氏物語』からの影響が強い	菅原孝標女は、少女時代、特に『源氏物語』が大好きであった

中古（平安時代）【貴族の時代】					
『狭衣（さごろも）物語』	平安後期	—	狭衣大将と、いとこである源氏の宮との恋の苦悩の話	『源氏物語』の「宇治十帖（うじじゅうじょう）」からの影響が強い	—
『とりかへばや物語』	平安末期	—	男女の兄弟が性別を入れ替えられて育てられる話	—	自己願望の終助詞に「ばや」がある。「とりかへばや」➡「とりかへたい」

日記・紀行

＊平安〜鎌倉中期に書かれた日記は、成立順が頻出。以下でしっかりおさえましょう。
＊鎌倉以降は、京・鎌倉間の紀行文が多い。

年代［時代］	作品名	成立時期	作者［編者］など	作品内容	ポイント	補足
中古 （平安時代） 【貴族の時代】	『土佐（とさ）日記』	**平安中期** （**935**年頃。「平安前期」としている場合もあり）	作者＝紀貫之（きのつらゆき）	・土佐の国司（こくし）の任務を終え、**土佐⬇帰京まで**の55日間の船旅日記 ・**土佐で亡くなった娘への哀惜（あいせき）**と、**帰京への切実な願い**などが書かれている ・冒頭文⬇「男もすなる日記（にき）といふものを女もしてみむとてするなり」	・**最初の仮名日記** ・**女性に仮託**（＝女性のフリをして書いている） ・「**女子・恋ふる人・昔へ人・いにしへ人・亡き児・見し人・小松・白玉**」はいずれも比喩（ひゆ）で、**亡くなった娘**を表す	―

中古（平安時代）【貴族の時代】	
『蜻蛉日記』	『和泉式部日記』
平安中期	
作者＝藤原道綱母	作者＝和泉式部
・**夫・藤原兼家との結婚生活への不満**を吐露＝一夫多妻時代の女性の苦悩 ⬇兼家は物忌みなどを口実にして通って来ず、他の愛人のもとに通っている ・**一人息子・道綱が作者の生きがい**	・恋人の**為尊親王**（**故宮**）と死別。悲しみにくれている作者を**為尊親王の弟の敦道親王**（**帥宮**）が慰め、**恋愛へと発展**していく過程が書かれている ・贈答歌が多い
「幼き人・ただ一人ある人」＝**道綱**	・歌物語の要素も入った日記 ・作品中では、作者自身に「女」と、三人称を用いている
―	・和泉式部は有名女流歌人

年代［時代］	作品名	成立時期	作者［編者］など	作品内容	ポイント	補足
中古（平安時代）【貴族の時代】	『紫式部日記』	平安中期	作者＝紫式部（一条天皇の中宮彰子に仕えた女房）	・前半＝彰子の出産や宮中での行事など宮廷生活の記録 ・後半＝**同僚の女房**（**和泉式部**・**赤染衛門**）や**清少納言**の人物批評 ⬇憂愁に満ちた自己の内面を吐露	—	—
	『更級日記』	平安中期	作者＝菅原孝標女	・自分の人生の**回想日記** ⬇国司の娘として東国の果てで育つが、13歳のとき上総から上京 ・**少女時代、物語に夢中**になり、特に**『源氏物語』**の「夕顔」や「浮舟」に憧れていた ・後年は物詣に夢中になり、仏教を頼る	—	**藤原道綱母**は母方の**伯母**にあたる

中古（平安時代）【貴族の時代】

『讃岐典侍(さぬきのすけ)日記』

平安後期

作者＝藤原長子(ふじわらのながこ)。**堀河(ほりかわ)天皇の没後、その子・鳥羽(とば)天皇に仕えた**

- 上巻＝堀河天皇の発病から崩御(ほうぎょ)までが書かれている。熱心に看病をするが崩御し、作者は嘆き悲しんで天皇を追憶(ついおく)する
- 下巻＝堀河天皇の父・白河院(しらかわいん)から幼帝・鳥羽天皇への再出仕(しゅっし)命令が下る。最初は渋々参内(さんだい)し、何かにつけて故堀河天皇を思い出して偲(しの)ぶが、徐々に鳥羽天皇をかわいらしく感じていくようになる

時制に気をつける
➡堀河天皇が元気な場面は、回想している場面

—

年代［時代］	作品名	成立時期	作者［編者］など	作品内容	ポイント	補足
中世（鎌倉・南北朝・室町・安土桃山時代）	『建礼門院右京大夫集（けんれいもんいんうきょうのだいぶしゅう）』	鎌倉初期	作者＝建礼門院右京大夫 ⬇建礼門院徳子に仕えた右京大夫という女房	**平資盛（すけもり）との恋愛・別れ**の歌日記的家集	―	・正確には日記ではなく私家集（しかしゅう）⬇p.188だが、日記的性格が強いため、ここに収録 ・鴨長明（かものちょうめい）と同時期
	『東関紀行（とうかんきこう）』	鎌倉中期	―	京・鎌倉間の紀行文	―	―
	『十六夜日記（いざよいにっき）』	**鎌倉中期**	作者＝阿仏尼（あぶつに）（『うたたね』の作者）	夫・藤原為家（ふじわらのためいえ）の死後、わが子と先妻の子との間に**領地相続争い**が起き、その**訴訟のため、京から鎌倉に下った場面を描いた紀行文**	―	―

中世（鎌倉・南北朝・室町・安土桃山時代）					
			⬇子を思う母親の愛情があふれている		
『とはずがたり』	鎌倉末期	作者＝後深草院二条	・前半＝後深草院に寵愛された様子などを描いた宮中の日記 ・後半＝西行に憧れて出家し、諸国を旅した様子を描いた紀行日記	—	吉田兼好と同時期

随筆

＊「三大随筆」＝『枕草子』（**平安中期**／清少納言）／『方丈記』（**鎌倉初期**／鴨長明）／『徒然草』（**鎌倉末期**／吉田兼好）

年代［時代］	作品名	成立時期	作者［編者］など	作品内容	ポイント	補足
中古（平安時代）	『枕草子』	**平安中期**	作者＝清少納言（一条天皇の中宮定子に仕えた女房。「梨壺の五人」の1人である清原元輔の娘）	冒頭文⬇「春はあけぼの。やうやう白くなりゆく山ぎは……」	「**をかしの文学**」	―
中世（鎌倉・南北朝・室町・安土桃山時代）	『方丈記』	鎌倉**初期**（1212年）	作者＝鴨長明	冒頭文⬇「ゆく河の流れは絶えずして、しかも、もとの水にはあらず。……」	仏教的無常観（イメージ＝**暗**）	『徒然草』とともに中世の「**隠者文学**」の代表作。永久不変のものはないという無常観

年代［時代］	作品名	成立時期	作者［編者］など	作品内容	ポイント	補足
中世（鎌倉・南北朝・室町・安土桃山時代）	『徒然草』	鎌倉**末期**（1330年）	作者＝吉田兼好（兼好）	冒頭文⬇「つれづれなるままに、日暮らし、硯に向かひて……」	論理的（イメージ＝**明**）	『方丈記』とともに中世の「**隠者文学**」の代表作。永久不変のものはないという無常観

説話

＊平安時代は「仏教説話」が中心。
＊中世は「説話」の時代。

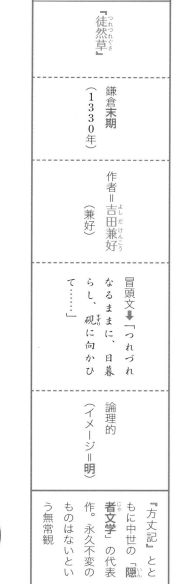

年代［時代］	作品名	成立時期	作者［編者］など	作品内容	ポイント	補足
中古（平安時代）【貴族の時代】	『日本霊異記』	平安前期	編者＝景戒（「きょうかい」とも）	—	**最古の仏教説話**	—

年代［時代］	作品名	成立時期	作者［編者］など	作品内容	ポイント	補足
中古（平安時代）【貴族の時代】	『今昔物語集』	平安後期	―	・前半は、仏教説話が多い ・天竺（インド）・震旦（中国）・本朝（日本）の約1000話を収録。「**今は昔**」で始まり、「**～となむ語り伝へたるとや**」で終わる	―	平安時代を代表する説話集
	『古本説話集』		―	・上巻＝和歌説話 ・下巻＝仏教説話	―	―
	『三宝絵（詞）』 **『打聞集』** **『宝物集』**	それぞれ、平安中期、平安後期、平安末期～鎌倉初期	―	―	仏教説話	三宝＝仏・法・僧

中世（鎌倉・南北朝・室町・安土桃山時代）					
『発心集（ほっしんしゅう）』	鎌倉前期	作者＝鴨長明（かものちょうめい）	―	仏教説話	―
『宇治拾遺物語（うじしゅういものがたり）』	鎌倉前期	―	「雀報恩（すずめほうおん）の事」「鬼（おに）のこぶとり」などの民話を含む	・貴族説話・仏教説話・民間説話など ・鎌倉説話文学の代表作	『今昔物語集』とともに、二大説話集と呼ばれる
『閑居友（かんきょのとも）』	鎌倉前期	―	―	仏教説話	―
『十訓抄（じっきんしょう）』	鎌倉中期	―	若者のための教訓書	―	―
『古今著聞集（ここんちょもんじゅう）』	鎌倉中期	編者＝橘成季（たちばなのなりすえ）	―	世俗説話	―
『沙石集（しゃせきしゅう）』『雑談集（ぞうたんしゅう）』	鎌倉後期	編者＝無住（むじゅう）	―	仏教説話	―

歴史物語

年代［時代］	作品名	成立時期	作者［編者］など	作品内容	ポイント	補足
平安時代後期～鎌倉・南北朝	『栄花（栄華）物語』	平安後期	作者＝赤染衛門か？	**藤原道長の栄華**を中心に歴史を描く（批判精神なし）	・最初の歴史物語 ・編年体（＝**年代〔時代〕順**に記述）	―
	『大鏡』	平安後期	―	・**藤原道長の栄華**を中心に歴史を描く（**批判精神あり**） ・大宅世継（190歳）と夏山繁樹（180歳）と若侍の3人による対話形式	紀伝体（＝**人物中心**に記述）	『大鏡』『今鏡』『水鏡』『増鏡』を「四鏡」という
	『今鏡』	平安末期	―	作者と老女による対話形式		

平安時代後期～鎌倉・南北朝	『水鏡(みずかがみ)』	平安末期～鎌倉初期	—	—	編年体(へんねんたい)	大・今・水・増 鏡 「ダイコンミズマシ（大・今・水・増）」で覚える
	『増鏡(ますかがみ)』	南北朝	—	—		

軍記物語

年代［時代］	作品名	成立時期	作者［編者］など	作品内容	ポイント	補足
中古（平安時代）【貴族の時代】	**『将門記(しょうもんき)』**	平安中期	—	**平将門(たいらのまさかど)の乱**を描く	和風化した漢文体	—
中世（鎌倉・南北朝・室町・安土桃山時代）	**『保元(ほうげん)物語』** **『平治(へいじ)物語』**	鎌倉初期	—	それぞれ、保元の乱、平治の乱を描く	**和漢混淆文(わかんこんこうぶん)**（和文・漢文系統の文語を混用し、その時代の口語もまじえた文語体）	—

第20節

年代［時代］	中世（鎌倉・南北朝・室町・安土桃山時代）
作品名	『平家物語』
成立時期	鎌倉初期
作者［編者］など	―
作品内容	・平家一門の繁栄と滅亡を描いたもの ・冒頭文 ⬇「祇園精舎の鐘の声、諸行無常の響きあり。娑羅双樹の花の色、盛者必衰のことわりをあらはす。おごれる人も久しからず、ただ春の夜の夢のごとし。たけき者も遂にはほろびぬ、ひとへに風の前の塵に同じ。……」
ポイント	和漢混淆文
補足	・平曲＝目が不自由な琵琶法師が琵琶に合わせて『平家物語』を語った音曲 ・『源平盛衰記』＝『平家物語』の異本といわれている

中世（鎌倉・南北朝・室町・安土桃山時代）					
『太平記（たいへいき）』	南北朝	—	**南北朝の争乱**を描く	和漢混淆文	—
『義経記（ぎけいき）』	室町初期	—	源義経（みなもとのよしつね）の一代記。兄・頼朝（よりとも）との不仲で敗北するまでを描く	—	—
『曾我物語（そがものがたり）』	鎌倉末期～室町前期	—	曾我兄弟が父の敵を18年かけて討つ話	—	—

勅撰和歌集

＊『古今和歌集』『後撰和歌集』『拾遺和歌集』が「三代集」。
ここに『後拾遺和歌集』『金葉和歌集』『詞花和歌集』『千載和歌集』『新古今和歌集』が加わって「八代集」とよばれる。

年代［時代］	作品名	成立時期	作者［編者］など	作品内容	ポイント	補足
中古（平安時代）【貴族の時代】	**『古今和歌集』**	平安前期（**905年**か）	●撰者＝**紀貫之**・紀友則・凡河内躬恒・壬生忠岑 ●勅命＝**醍醐天皇**（**延喜**の聖主） ●「**仮名序**」担当＝**紀貫之**／「真名序」担当＝紀淑望	―	〈第二期〉は、「六歌仙」などによって掛詞・縁語などの修辞技法が試されている ➡「六歌仙」＝大伴黒主・在原業平・文屋康秀・遍昭・小野小町・喜撰法師	最初の勅撰和歌集。以下、『新古今和歌集』までを「八代集」という
	『後撰和歌集』	平安中期	●撰者＝清原元輔ら「梨壺の五人」。 ●勅命＝村上天皇	―	―	―

時代	作品	時期	内容			
中古（平安時代）【貴族の時代】	『拾遺和歌集』	平安中期	勅命＝花山院か	—	—	—
	『後拾遺和歌集』	平安後期	・撰者＝藤原通俊 ・勅命＝白河天皇	—	—	—
	『金葉和歌集』		・撰者＝源俊頼 ・勅命＝白河院	—	—	—
	『詞花和歌集』		・撰者＝藤原顕輔 ・勅命＝崇徳院	—	—	—
	『千載和歌集』	平安末期	・撰者＝藤原俊成 ・勅命＝後白河院 ・代表歌人＝俊成・西行	—	—	—
中世（鎌倉・南北朝・室町・安土桃山時代）	『新古今和歌集』	鎌倉初期	・撰者＝藤原定家（**俊成の子**）など。 ・勅命＝後鳥羽院 ・代表歌人＝俊成・西行	—	—	—

和歌集・歌謡(かよう)集・歌論書・私家集・連歌(れんが)、その他の論書など

＊「私家集(しかしゅう)」とは個人の歌を集めたものであり、別名を「家集(いえのしゅう)」という。

年代［時代］	作品名	成立時期	作者［編者］など	作品内容	ポイント	補足
上代 （奈良時代） 〈8世紀〉	『万葉集(まんようしゅう)』	奈良末期	編者＝大伴家持(おおとものやかもち)	・おもな詠み人 〈第一期〉＝天皇関係 ➡額田王(ぬかたのおおきみ)・天智(てんじ)天皇 〈第二期〉＝宮廷歌人 ➡柿本人麻呂(かきのもとのひとまろ) 〈第三期〉＝**最盛期** ➡山部赤人(やまべのあかひと)・山上憶良(やまのうえのおくら)・大伴旅人(おおとものたびと) 〈第四期〉＝衰退期 ➡大伴家持(おおとものやかもち)	・最古の和歌集 ・表記＝万葉仮名(まんようがな)	・地方の歌や農民の歌も多い ・防人(さきもり)の歌や東歌(あずまうた)も収められている

中古（平安時代）【貴族の時代】					
『和漢朗詠集』	平安中期	撰者＝藤原公任	―	歌謡集	日本の和歌と中国の漢詩を集めた文撰集
『俊頼髄脳』	平安後期	作者＝源俊頼	―	歌論書	―
『梁塵秘抄』	平安後期	編者＝後白河法皇	―	・歌謡集 ・今様（歌詞が7・5・7・5・7・5・7・5のフレーズ）を集めたもの	―
『山家集』	平安末期	―	―	西行の**私家集**	―

年代［時代］	作品名	成立時期	作者［編者］など	作品内容	ポイント	補足
中世（鎌倉・南北朝・室町・安土桃山時代）	『古来風体抄（こらいふうていしょう）』	鎌倉初期	作者＝藤原俊成（ふじわらのとしなり）	―	**歌論書**	―
	『近代秀歌（きんだいしゅうか）』	鎌倉前期	作者＝藤原定家（さだいえ）	―		―
	『無名抄（むみょうしょう）』		作者＝鴨長明（かものちょうめい）	―		―
	『金槐和歌集（きんかいわかしゅう）』		作者＝源実朝（みなもとのさねとも）	―	実朝の**私家集（しかしゅう）**	源実朝の師は藤原定家
	『愚管抄（ぐかんしょう）』	鎌倉初期	作者＝慈円（じえん）	―	最初の史論書（しろんしょ）	―
	『無名草子（むみょうぞうし）』	鎌倉前期	作者＝藤原俊成女（ふじわらのとしなりのむすめ）か	―	・物語評論 ⬇『源氏物語』の評論が有名 ・**会話形式**	―

中世（鎌倉・南北朝・室町・安土桃山時代）					
『菟玖波集』	南北朝	撰者＝二条良基・救済	—	・**最初の準勅撰連歌集** ・**連歌の地位を確立**	—
『新撰菟玖波集』	室町後期	編者＝宗祇	—	連歌集	—
『新撰犬筑波集』	室町後期	作者＝山崎宗鑑	—	俳諧連歌集	—
『風姿花伝』	室町時代	作者＝世阿弥	父の観阿弥から受け継いだ「能」の本質などをまとめた	**能楽論**	—

その他のジャンル

歴史書・地誌

年代［時代］	作品名	成立時期	作者［編者］など	作品内容	ポイント	補足
上代 （奈良時代） 〈8世紀〉	『古事記』	712年	編者＝太安万侶 （稗田阿礼が暗誦していた事柄を記録したもの）	神話や伝説が多い	・紀伝体（＝**人物中心**に記述） ・漢文体	―
	『**風土記**』	713年	―	―	地誌 ⬇常陸・肥前・播磨・豊後・出雲の5つが現存	『出雲風土記』が完全な形で現存
	『日本書紀』	720年	・編者＝舎人親王 ・勅命＝元正天皇	―	・歴史書 ・編年体（＝**年代（時代）順**に記述） ・漢文体	『古事記』と合わせて「記紀」と呼ばれる

漢詩集

＊中国の詩文集『白氏文集（はくしもんじゅう）』➡作者＝白居易（はくきょい）（白楽天（はくらくてん））

年代［時代］	作品名	成立時期	作者［編者］など	作品内容	ポイント	補足
中古（平安時代）【貴族の時代】	**『凌雲集（りょううんしゅう）』（『凌雲新集』）**	平安初期	編者＝小野岑守（おののみねもり）ら	―	最古の勅撰（ちょくせん）漢詩集	―
	『経国集（けいこくしゅう）』	平安初期	編者＝良岑安世（よしみねのやすよ）ら	―	―	―
	『菅家文草（かんけぶんそう）』	平安前期	作者＝菅原道真（すがわらのみちざね）	―	「菅家」➡「菅原」と覚えておくとよい	―

江戸時代の文学・学問

＊前期＝**上方(かみがた)文学**……関西で栄える
⬇「元禄(げんろく)三人男」＝松尾芭蕉(まつおばしょう)（俳諧(はいかい)）・井原西鶴(いはらさいかく)（浮世草子(うきよぞうし)）・近松門左衛門(ちかまつもんざえもん)（浄瑠璃(じょうるり)）
＊後期＝**江戸文学**……読本(よみほん)・国学(こくがく)などに多様化する

▼小説

年代［時代］	作品名	ジャンル	作者	作品内容	ポイント	補足
近世（江戸時代中期）	『好色一代男(こうしょくいちだいおとこ)』 **『好色五人女(ごにんおんな)』**	浮世草子(うきよぞうし)	井原西鶴(いはらさいかく)	―	**好色物**	―
	『日本永代蔵(にっぽんえいたいぐら)』			町人が才覚と倹約(けんやく)により分限者(ぶげんしゃ)（お金持ち）になる話	**町人物**	―
	『世間胸算用(せけんむねさんよう)』			大みそかを舞台として町人の様子を描く	・**町人物** ・作者の最高傑作	―

時代	作品	ジャンル	作者	内容		
近世（江戸時代初期）	『伊曾保物語』	仮名草子	―	『イソップ物語』の文語訳本	―	―
近世（江戸時代中期）	『雨月物語』	読本	上田秋成	前期読本の代表作品。中国や日本の怪異物語集	―	秋成のほかの作品に『春雨物語』がある
近世（江戸時代後期）	『椿説弓張月』『南総里見八犬伝』	読本	滝沢馬琴（曲亭馬琴）	―	馬琴は山東京伝の弟子で、後期読本代表作家	―
近世（江戸時代後期）	『通言総籬』	洒落本	山東京伝	遊郭を舞台に風俗を描いた小説	―	寛政の禁令による取り締まりを受けて衰える
近世（江戸時代後期）	『東海道中膝栗毛』	滑稽本 ⬇笑いの要素を含む	十返舎一九	弥次郎兵衛・喜多八の珍道中	―	―

年代［時代］	作品名	ジャンル	作者	作品内容	ポイント	補足
近世（江戸時代後期）	『浮世風呂（うきよぶろ）』 『浮世床（うきよどこ）』	滑稽本（こっけいぼん） ⬇笑いの要素を含む	式亭三馬（しきていさんば）	笑いを交えながら庶民（しょみん）の生活を描く	―	―
	『春色梅児誉美（しゅんしょくうめごよみ）』	人情本（にんじょうぼん）	為永春水（ためながしゅんすい）	恋愛小説	―	―
	『金々先生栄花夢（きんきんせんせいえいがのゆめ）』	黄表紙（きびょうし）	恋川春町（こいかわはるまち）	絵入り通俗小説	―	―
	『偐紫田舎源氏（にせむらさきいなかげんじ）』	合巻（ごうかん）	柳亭種彦（りゅうていたねひこ）	黄表紙を合冊（がっさつ）の体裁にしたもの	―	―

▼随筆

年代［時代］	作品名	成立時期	作者	作品内容	ポイント	補足
近世（江戸時代）	『折たく柴の記』	江戸中期	新井白石（政治家）	みずからの一代記	―	―
	『花月草紙』	江戸後期	松平定信（政治家。寛政の改革の実行者）	―	―	―

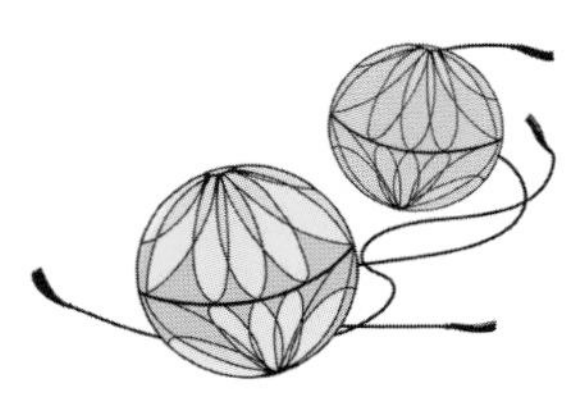

第20節

年代［時代］	作者	成立時期	作風	作品名	作品内容	補足
近世（江戸時代）	松尾芭蕉（まつおばしょう）	江戸前期	•蕉風（しょうふう）＝閑寂（かんじゃく）（わび・さび・軽み）をめざす •「不易流行（ふえきりゅうこう）」を求める	**『野ざらし紀行』** **『冬の日』** 『笈の小文（おいのこぶみ）』 『更科紀行（さらしなきこう）』 **『猿蓑（さるみの）』** 『奥の細道』	•名句 ⬇閑（しず）かさや　岩にしみ入る　蝉（せみ）の声 ⬇五月雨（さみだれ）を　あつめて早し　最上川（もがみがわ） ⬇夏草（なつくさ）や　兵（つわもの）どもが夢の跡 •『奥の細道』は、弟子の河合（かわい）曾良（そら）をともなう旅行記で、**俳諧（はいかい）紀行文学の最高傑作**	蕉門（しょうもん）＝芭蕉の門下 ⬇向井去来（むかいきょらい）＝『去来抄（しょう）』 ⬇服部土芳（はっとりとほう）＝『三冊子（さんぞうし）』
	与謝蕪村（よさぶそん）	江戸後期	—	**『新花摘（しんはなつみ）』**	•名句 ⬇春の海　終日（ひねもす）　のたりのたり哉（かな）	作者は江戸中期の俳人・画家
	小林一茶（こばやしいっさ）		—	**『おらが春』**	•名句 ⬇雀（すずめ）の子　そこのけそこのけ　お馬が通る	—

▼芸能

＊特に、三味線(しゃみせん)と人形を使った芝居を「人形浄瑠璃(じょうるり)」という

年代［時代］	作品名	成立時期	作者	作品内容	ポイント	補足
近世（江戸時代）	『曾根崎心中(そねざきしんじゅう)』	江戸中期	近松門左衛門(ちかまつもんざえもん)	醤油(しょうゆ)を売る店（平野屋）の手代徳兵衛(てだいとくべえ)と遊女(ゆうじょ)お初が、曽根崎天神(てんじん)の森で心中するという悲恋物語	世話物(せわもの)	近松は、竹本(たけもと)義太夫(ぎだゆう)のために『出世景清(しゅっせかげきよ)』を書き、その後、坂田藤十郎(さかたとうじゅうろう)と世話(せわ)歌舞伎(かぶき)を確立
	『国性爺合戦(こくせんやかっせん)』	江戸中期	近松門左衛門	国姓爺（日本と明(みん)の混血児）が、明朝を復興する話	時代物(じだいもの)	
	『冥途の飛脚(めいどのひきゃく)』	江戸中期	近松門左衛門	飛脚問屋と遊女の悲恋物語	世話物	
	『東海道四谷怪談(とうかいどうよつやかいだん)』	江戸後期	鶴屋南北(つるやなんぼく)	実話をもとに脚色した作品。無念の死を遂げたお岩(いわ)という女性の復讐譚(ふくしゅうたん)	歌舞伎のもと	怪談物(かいだんもの)の代表作

年代［時代］	作品名	作者	作者について	作品内容	ポイント	補足
近世（江戸時代前期）	『万葉代匠記』	契沖	—	『万葉集』の注釈書	—	—
近世（江戸時代中期）	『万葉考』 **『歌意考』** **『祝詞考』** **『冠辞考』**	賀茂真淵	・「県居」と号す ・荷田春満の弟子 ・**本居宣長の師**	『万葉考』では「ますらをぶり」を提唱	—	—
近世（江戸時代後期）	『古事記伝』	本居宣長	・「鈴屋」と号す ・契沖に私淑 ・**賀茂真淵の弟子** ・国学の第一人者	『古事記』の注釈書	—	—
	『源氏物語玉の小櫛』			・『源氏物語』の注釈書 ・『源氏物語』の本質を「もののあはれ」と説く	—	—

近世（江戸時代後期）					
『玉勝間（たまかつま）』	本居宣長	右ページ参照	古典研究を経て得た知識をまとめたもの	随筆	—
『鈴屋集（すずのやしゅう）』			—	歌文集（かぶんしゅう）	—

＊その他の国学者には、平田篤胤（ひらたあつたね）、村田春海（むらたはるみ）などもいる。

古文単語さくいん

＊見出し語、関連語、同義語、対義語などを項目としています。
＊見出し語は赤字で示されています。

あ

い

古文常識さくいん

＊おもに「第４章」に収録された古文常識の内容を対象としています。
＊ここでは、原則として現代仮名遣いの読み方で並べています。

見出し語の例文リスト

＊「第1章」〜「第3章」の掲載順に収録されています。
＊「現代語訳」は、例文の意味に該当するもののみ示しています。

第1章 グループに分けて覚える古文単語

第1節 漢字➡イメージで覚える単語

⬇p.12

	見出し語	例文	現代語訳
1	あくがる【憧る】動 B	住み慣れた都にとどまらず、あくがれ出てこの山に登る。	❸ さまよい歩く
2	ありく【歩く】動 B	いろいろな場所に修行してありく。	❶ 移動する・歩き回る
3	ぐす【具す】動 A	男がぐしていた者たちが、皆逃げ去った。	❷ 連れる・一緒に行く
4	くんず【屈ず】動 C	結果が思いのほかによくなく、ひどくくんじた。	❶ 気がふさぐ・気がめいる
5	こうず【困ず】動 C	長い時間仕事を続けたので、こうじてしまった。	❷ 疲れる

	見出し語	例文	現代語訳
6	さはる（ワ）【障る】動 B	さはることがあるので行けない。	❶ さしつかえる・さまたげられる
7	すまふ（モウ）【争ふ・辞ふ】動 C	当時、召使いは身分が低く、ご主人様にすまふ力がなかった。	❶ 張り合う・抵抗する
8	つつむ【慎む】動 B	つつむことがなければ千首でも和歌を詠みだしただろう。	❶ 遠慮する・気がひける
9	なづむ【泥む】動 C	買おうとしたら売り切れていたので、なづむ気持ちがつのった。	❷ こだわる・執着する
10	ねんず【念ず】動 A	眠たくて仕方なかったが、ねんじて勉強を続けた。	❷ 我慢する
11	あいなし【愛無し】形 A	本当の話があいなきからといって、うそを言うのはよくない。	❷ つまらない
12	あし【悪し】形 B	私のあしき行いが、親戚にも迷惑をかけてしまった。	❶ 悪い
13	いぎたなし【寝汚し】形 B	仕方のない用事で遅れたのに、「いぎたなし」と勘違いされた。	❶ 寝坊だ

	見出し語	例文	現代語訳
14	うし【憂し】形 A	うしと思っていた昔の日々も、今は恋しく思い出される。	❶ つらい
15	かしこし【畏し・恐し・賢し】形 A	とても有名な人と会うことになり、かしこく感じる。	❶ 畏(おそ)れ多い
16	かたはらいたし(ワ)【傍ら痛し】形 A	対面していて言葉づかいが失礼なのはかたはらいたし。	❶ みっともない
17	さかし【賢し】形 B	武士の道などをさかしく、子孫に言い伝えていく。	❸ しっかりしている
18	ところせし【所狭し】形 A	遠慮して、冗談を言うのもところせく、のびのびと振舞えない。	❷ 窮屈(きゅうくつ)だ・気づまりだ
19	びんなし【便なし】形 A	「今夜はびんなし」と言って帰ってしまった。	❶ 不都合だ
20	まさなし【正無し】形 B	部外者に聞かれてはまさなきことなので、小声で話そう。	❶ よくない
21	あながちなり【強ちなり】形動 B	自分の意見をあながちに通しても、反感を買うばかりだ。	❶ 強引だ・無理やりだ

	見出し語	例文	現代語訳
22	ことなり【異なり・殊なり】形動 B	姫君の容貌や気立てが、たいそうことなり。	❷ 特別だ・格別だ
23	せちなり【切なり】形動 B	妻などがおらず、せちに求婚してくる男性と、娘を結婚させる。	❶ ひたすらだ
24	むげなり【無下なり】形動 A	夫の訪問がむげに絶えてしまった。	❸ 程度がはなはだしくひどい
25	あそび【遊び】名 B	月を見る宴（うたげ）をして、ひと晩中あそび明かす。	❷ 詩歌管弦（しいかかんげん）の遊び
26	うつつ【現】名 A	こんな美しい人を見たことは、夢ではあったが、うつつにはない。	❶ 現実
27	おこたり【怠り】名 B	おこたりを申し上げるために参上した。	❸ 謝罪
28	かたへ（エ）【片方】名 B	かたへにいる妻が夫をなだめた。	❸ かたわら・そば
29	かへし（エ）【返し】名 C	あまりにも失礼な和歌だったので、あきれてかへしもしない。	❶ 返事・返歌

	見出し語	例文	現代語訳
30	けしき【気色】名 A	花が咲き乱れるけしきが格別に思える。	❶ 様子
31	ざえ【才】名 A	彼のざえはすばらしく、どんな話をしても深みがある。	❶ 学才（特に漢学）
32	しるし【徴・験】名 A	❶ 鬼が出るといううわさは、疫病（えきびょう）のしるしであった。 ❷ 一心に祈れば、必ず仏のしるしを得るだろう。	❶ 前兆（ぜんちょう） ❷ 霊験（れいげん）・ききめ
33	たより【頼り・便り】名 A	思いがけずすてきな女性とたよりがあり、結婚した。	❷ 縁・ゆかり
34	ついで【序】名 A	話のついでが逆になり、わかりにくくなってしまった。	❶ 順序・順番
35	ひま【隙・暇】名 B	たくさん車が集まってきて、ひまがないほどだ。	❶ すき間
36	むね【旨・宗・胸・棟】名 C	家を造るときは、夏をむねとするべきだ。冬はどんな所でも住める。	❷ 中心とすること

	見出し語	例文	現代語訳
37	げに【実に】副 A	げにすぐれた人であった。	❷ 本当に
38	なべて【並べて】副 A	なべての瓢箪（ひょうたん）とは違って、とても大きく、たくさんなった。	❷ 並・平凡・普通

第2節　漢字で一発でわかる単語

p.31

	見出し語	例文	現代語訳
39	あきらむ【明らむ】動 B	暗い洞窟の奥に何があるのか、あきらめたい。	❶ 明らかにする・物事をよく見る・見きわめる
40	いらふ（ロ）（ウ）【答ふ・応ふ】動 B	意外なことを質問され、どのようにいらふべきかわからなかった。	❶ 答える・返答する
41	かる【離る】動 A	私は俗世（ぞくせ）を早くかるべきで、深い山奥に入ってしまおう。	❶ 離れる
42	あたらし【惜し】形 A	この本は買ったばかりなので、あたらしくて人には譲れない。	❶ 惜しい

	見出し語	例文	現代語訳
43	**かなし**【愛し・悲し】形 A	平凡な子でもかなしと思うのが親である。	❶ かわいい・いとしい
44	**かたし**【難し】形 B	思いを寄せる男性に気持ちを伝えることがかたし。	❶ 難しい
45	**ありがたし**【有り難し】形 A	ありがたきご器量の姫君がいらっしゃる。	❷ すばらしい
46	**やすし**【安し・易し】形 C	右大臣が重用されていることを、左大臣はやすからず思った。	❶ 安心だ
47	**めやすし**【目安し】形 B	乳母は髪がゆったりととても長くて、めやすき人のようだ。	❶ 見苦しくない・感じがよい
48	**うしろやすし**【後ろ安し】形 B	「うしろやすくない人ではないか」と疑われ、仲よくなれなかった。	❶ (将来に)心配がない・安心できる
49	**うしろめたし**【後ろ目痛し】形 A	とても頼りない様子が、かわいそうでうしろめたし。	❶ 不安だ

	見出し語	例文	現代語訳
50	**しるし**【著し】形 B	埋めた場所がしるくわかるように、大きな石を置いた。	❶ きわだっている
51	**あてなり**【貴なり】形動 A	姫君の人柄があてにかわいらしい。	❷ 上品だ・優雅だ
52	**いう（ユウ）なり**【優なり】形動 B	声や雰囲気がいうなる女に言い寄った。	❷ 優雅だ
53	**ねんごろなり**【懇ろなり】形動 A	親が言うことだったので、男をたいそうねんごろにもてなした。	❶ 親切だ・丁寧だ
54	**ふびんなり**【不便なり・不憫なり】形動 C	雨の日に、ぬれた足で座布団に座るのはふびんなり。	❶ 不都合だ
55	**みそかなり**【密かなり】形動 C	男はときどき、みそかに女のもとに通った。	❶ ひそかだ・こっそりとしている
56	**かたち**【形・容・貌】名 A	成人後、きっと美しくなるに違いないかたちだ。	❷ 容貌

見出し語	例文	現代語訳
57 かち【徒歩】名 C	かちより住吉神社に参詣した。	❶ 徒歩
58 ほい【本意】名 B	聖（ひじり）〈＝徳の高い僧〉のもとに行き、ほいを貫いて出家した。	❶ 本来の意志・目的
59 まらうと（ロウ）【客人・賓】名 C	心地よいもてなしに、まらうとも安心してくつろいでいる。	❶ 客・訪問者
60 あまた【数多】副 B	女御（にょうご）や更衣（こうい）があまたお仕えする。	❶ たくさん
61 かたみに【互に】副 A	ふたりはかたみに、相手のよいところをほめた。	❶ 互いに・交互に

第3節　1文字変更もしくは追加して覚える単語

⇩p.39

	見出し語	例文	現代語訳
62	おこす【遣す】動 C	手紙などを書いておこした。	❶ よこす・こちらへ送ってくる
63	やつる【俏る・窶る】動 B	わざとやつれてこっそりと参詣した。	❶ 目立たない姿になる
64	うとし【疎し】形 C	葬儀は、うとき人はお呼びせず、親しい人だけで行うことにした。	❷ 親しくない
65	ゆくりなし 形 B	村を通り過ぎていたら、ある家からゆくりなく声をかけられた。	❶ 突然だ・思いがけない
66	あやにくなり 形動 B	近くに寄ったので知人の家を訪ねてみたが、あやにくに誰もいなかった。	❷ あいにくだ
67	おろかなり【疎かなり】形動 A	かわいい子どもをおろかに見放すわけがない。	❶ おろそかだ・いいかげんだ
68	まめなり【忠実なり】形動 A	引っ越しのお祝いにまめなるものをもらったので、とても助かった。	❷ 実用的だ

 ⇩p.43

見出し語	例文	現代語訳
69 たのむ【頼む】動 B	「雪の夜に必ず来よう」とたのめていたのに、来なかった。	〈下二段〉❷ 頼みに思わせる
70 かづく【被く】動 A	おほめの言葉とともに、小袿をかづけてくださった。	〈下二段〉❷ ほうびを与える
71 うつろふ(ウ)【移ろふ】動 B	美しい花がうつろふように、恋人は心がさめて私から離れていった。	❸ 色あせる・さめ続ける
72 かたら(ロ)ふ(ウ)【語らふ】動 B	ある男が、美しき女とかたらひ、夫婦となった。	❸ 男女が言い交わす
73 よば(ボ)ふ(ウ)【呼ばふ】動 C	男は、上達部(かんだちめ)〈＝高い身分の役人〉の娘によばひて、夫婦となった。	❷ 求婚する
74 おぼゆ【覚ゆ】動 A	聞こえてきた琴の音が、行方不明の彼女が弾く音とおぼえている。	❸ 似る
75 みゆ【見ゆ】動 B	彼のしゃべる方言から、西の国の人とみゆ。	❷ 思われる・感じられる
76 きこゆ(1)【聞こゆ】動 C	これは大津(おおつ)、松本にきこえた商人、大津次郎という者の家である。	❷ うわさされる・世に知られる

	見出し語	例文	現代語訳
77	きこゆ(2)【聞こゆ】動 A	昔の思い出話などをきこゆ。	❶ 申し上げる
78	いとけなし【幼けなし】形 B	いとけなき子で、まだ2歳にもなっていないかわいらしい子が笑っている。	❶ 幼い
79	いは(ワ)けなし【稚けなし】形 B	いはけなきときから、彼女の姿を見てきた。	❶ 幼稚だ
80	うしろめたなし【後ろめたなし】形 C	長いこと家を留守にしているのを、うしろめたなく感じる。	❶ 不安だ・気がかりだ
81	おぼつかなし 形 A	どんな罰を言い渡されるか、おぼつかなき気持ちで何日かを過ごした。	❷ 気がかりだ・不安だ
82	しどけなし 形 B	目上の人への態度がしどけなくなっていたので、注意を受けた。	❶ だらしない・乱れている
83	はしたなし【端なし】形 A	他人が呼ばれたのに、勘違いで返事をしてしまい、はしたなく感じた。	❷ みっともない
84	むくつけなし 形 B	夜中、外からむくつけなき音が聞こえてきて、眠れなかった。	❶ 気味が悪い

 ➡p.54

見出し語	例文	現代語訳
85 しのぶ【忍ぶ】動 A	しのびていらっしゃったので、気づかず、あいさつにも伺えなかった。	❷ 隠す・人目を避ける
86 しのぶ【偲ぶ】動 A	行方をくらました僧は、多くの人からしのばれた。	❶ 思い慕う・恋う・懐かしむ
87 ながむ【眺む】動 A	ひとりで海辺に立ってながめていると、もの悲しくなった。	❶ 物思いにふける
88 ながむ【詠む】動 C	桜の花を見ながら、お気に入りの歌をながめた。	❶ 詩歌を、節をつけて詠む・吟じる
89 さうなし【双無し】形 A	和泉式部はさうなき歌詠みである。	❶ 並ぶものがない・比べるものがない・この上ない
90 さうなし【左右無し】形 A	明らかに理不尽なことを言われたので、さうなく反論した。	❷ ためらわない・考えるまでもない
91 いそぐ【急ぐ】動 B	亡き父の一周忌の法事をいそぐ。	❶ 準備する
92 まうく【設く・儲く】動 B	勝負に負けた人がごちそうをまうくということにした。	❶ 準備する

	見出し語	例文	現代語訳
93	あるじまうけ（モウ）【饗設け】名 B	藤原頼親（ふじわらのよりちか）を主客（しゅきゃく）としてあるじまうけをした。	❶ 客をもてなすこと・饗応（きょうおう）
94	あるじす【饗す】動 B	せっかく訪ねて行ったのに、あるじしてくれない家は興ざめだ。	❶ 主人として人をもてなす・ごちそうする・饗応する
95	なまめく【艶く】動 B	高齢の母からは想像できないほど、とてもなまめく姉妹がいた。	❶ 若々しく美しい
96	なまめかし【艶めかし】形 B	彼のなまめかしき所作は、幼い頃からのしつけの賜物（たまもの）だろうか。	❷ 優美だ
97	めづ【愛づ】動 A	帝は女の詠んだ和歌をとてもめでて、ほうびに服を与えなさった。	❷ ほめる
98	めでたし 形 A	桜がめでたく感じられるのは、散るからこそである。	❷ すばらしい
99	めづらし【珍し】形 B	新緑がめづらしく、晴れ晴れとした気分になった。	❶ すばらしい

見出し語	例文	現代語訳
100 わびし【侘びし】形 A	誰も訪ねてきてくれないのはわびし。	❷ さびしい
101 わぶ【侘ぶ】動 B	返事をしてくれる人がまったくいないので、言いわびて出てきた。	❹ (「動＋わぶ」の形で) ～して思い悩む・～しかねる ～しにくくなる
102 おとなし【大人し】形 A	うまく返事を書ける自信がないので、おとなしき人に代筆を頼んだ。	❷ 思慮分別がある
103 をさをさし(オ オ)【長長し】形 C	若いので、手紙もをさをさしくなく、言葉の使い方もよく知らない。	❶ 大人びている・しっかりしている
104 こちたし【言痛し・事痛し】形 A	暑い日なので、こちたき髪がむさくるしく思う。	❸ はなはだ多い
105 ことごとし【事事し】形 C	浮ついたうわさだけがことごとしく立ってしまった。	❶ おおげさだ・仰々(ぎょうぎょう)しい

見出し語	例文	現代語訳
106 うち【内】名 A	帝にご報告するため、うちに参上した。	❶ 宮中・内裏(だいり)
107 うへ(エ)【上】名 B	朝餉(あさがれい)の間(=清涼殿(せいりょうでん)の一室で、お食事をする部屋)にうへがいらっしゃる。	❶ 天皇
108 おほやけ(オ)【公】名 B	子どもを連れて地方に赴任することを、おほやけが特別に許可した。	❷ 朝廷(ちょうてい)・政府
109 よし【由】名 A	❹ 妹が宮中(きゅうちゅう)に仕えているよしで、彼も取り立ててもらえた。 ❺「出ていく」と言う女を引き止めるよしはなかった。	❹ 縁・ゆかり ❺ 手段・方法
110 ゆゑ(エ)【故】名 B	人の行動には、何かゆゑがあるはずだ。	❶ 原因・理由
111 ためらふ(ロ)(ウ)【躊躇ふ】動 C	涙がますます出てきて、ためらふのが難しい。	❶ 心を静める・体を休める
112 やすらふ(ロ)(ウ)【休らふ】動 B	❶ 言い寄ろうと思うが、突然で驚かせてしまうかとやすらふ。 ❷ 吹雪(ふぶき)に遭った渡り鳥が、人家の近くに下りてきてやすらふ。	❶ ためらう ❷ 休む・休憩する

	見出し語	例文	現代語訳
113	はかなし【果(敢)無し】形 A	どうなるかわからない未来を心配するなどはかなきことだ。	❷ 無益だ
114	はかばかし【果果し・捗捗し】形 A	その家がどこにあるのか、はかばかしく覚えてはいなかった。	❷ はっきりしている
115	つきづきし【付き付きし】形 B	功績のある人には、それにつきづきしき高い地位が与えられるべきだ。	❶ 似つかわしい・ふさわしい
116	つきなし【付き無し】形 C	立派な人なのに、つきなき粗末な服を着ている。	❶ 似つかわしくない・ふさわしくない
117	なさけ【情け】名 B	頭がよくても、なさけを持っていなければ、立派な人とはいえない。	❶ 人情・思いやり
118	なさけなし【情け無し】形 B	きれいな月を愛(め)でる心もないとはなさけなし。	❷ 無風流(ぶふうりゅう)だ
119	ことわり【理】名 A	我が子を手放しがたく思うのはことわりである。	❶ 道理
120	わりなし【理無し】形 A	優秀な人も、恋をすると、わりなき行動を取ることがある。	❶ 無理だ・道理に合わない

見出し語	例文	現代語訳
121 **かたほなり**【偏なり・片秀なり】形動 C	和歌の名手が詠んだとは思えない、かたほなる歌だ。	❶ 不十分だ・未熟だ
122 **まほなり**【真秀なり・真目なり】形動 C	まほなる絵ではないが、その分のびのびとしている。	❶ 完全だ・よく整っている
123 **なのめなり**【斜めなり】形動 B	娘をなのめなる男と結婚させないようにする。	❶ いいかげんだ
124 **なのめならず**【斜めならず】連語 B	なのめならず美しき姫君がいらっしゃる。	❶ 並ひと通りでない・格別だ
125 **おもておこし**【面起こし】名 C	勅撰(ちょくせん)和歌集に入選し、おもておこしとなる。	❶ 面目をほどこすこと（＝名誉を立派に保つこと）
126 **おもてぶせ**【面伏せ】名 C	有名な和歌の下の句が答えられず、おもてぶせになってしまった。	❶ 面目を失うこと
127 **よもすがら**【夜もすがら】副 B	眠ることなく、よもすがら手紙を書いていた。	❶ ひと晩中・夜通し
128 **ひねもす**【終日】副 C	ひねもす待ち続けたが、会うことができなかった。	❶ 朝から晩まで・一日中

見出し語	例文	現代語訳
129 世をいづ【出づ】連語 A 130 世をいとふ（ウ）【厭ふ】連語 A 131 世をかる【離る】連語 A 132 世をすつ【捨つ】連語 A 133 世をそむく【背く】連語 A 134 世をのがる【遁る】連語 A	若い娘も、母と同じようによをそむく決心をした。	❶ 出家する
135 さま（を）かふ（ウ）【様（を）変ふ】連語 A 136 かたちをかふ（ウ）【形を変ふ】連語 A 137 かしらおろす【頭下ろす】連語 A 138 みぐしおろす【御髪下ろす】連語 A 139 やつす【俏す・窶す】動 A	突然、親王がみぐしおろして寺に入ったので、まわりの人々は驚いた。	❶ 出家する
140 まことのみちにいる【真の道に入る】連語 C	彼はほつしんしてまことのみちにいり、修行に明け暮れた。	❶ 出家する ＊「真の道」＝仏道
141 ほつ（ッ）しんす【発心す】動 C		＊「発心」＝仏教心を起こす
142 おこなふ（ノウ）【行ふ】動 A	昔、愛宕（あたご）の山で長い間おこなふ僧がいた。	❶ 仏道修行をする・勤行（ごんぎょう）する

	見出し語	例文	現代語訳
143	ほだし【絆】名 B	今の私にはほだしはないので、心おきなく出家できる。	❶自由を束縛するもの。特に、「仏道の妨げとなるもの」
144	なやむ【悩む】動 B	普段は元気な人でも、ときにはなやむこともある。	❶病気になる
145	いたつく【病く・労く】動 C	祖父がいたつき、一昨年に亡くなった。	❶病気になる
146	れいならず【例ならず】連語 B	何年も風邪ひとつ引かなかったが、れいならず、寝込んでしまった。	❷病気だ
147	あつし【篤し】形 C	祖父がいよいよあつしくなったので、身内の者たちを呼び集めた。	❶病気が重い・病気がちである
148	おこたる【怠る】動 A	母は今は具合が悪いが、きっとおこたると信じている。	❷病気がよくなる
149	うす【失す】動 A	恩師がうしたという知らせを聞いた。	❷死ぬ
150	かくる【隠る】動 C	あの人が、最期を家族に看取られずかくれたのは残念だ。	❷死ぬ

	見出し語	例文	現代語訳
151	みまかる【身罷る】動 B	父がみまかるとき、ある程度の財産を遺してくれた。	❶ 死ぬ
152	はかなくなる【果敢無く成る】連語 B	思いがけず姫がはかなくなり、それからというもの、さびしくて仕方がない。	❶ 死ぬ
153	むなしくなる【空しく成る】連語 C		
154	いかにもなる【如何にも成る】連語 C		
155	いたづらになる【徒らに成る】連語 C		
156	あさましくなる 連語 C		
157	いふ(ウ)かひ(イ)なくなる【言ふ甲斐無く成る】連語 C		
158	こころうし【心憂し】形 B	世の中で、とてもこころうきことは、人に憎まれることだ。	❶ つらい
159	こころぐるし【心苦し】形 B	男の熱心な求婚を断り続けるうちに、男をこころぐるしく感じるようになった。	❸ 気の毒だ

見出し語	例文	現代語訳
160 こころづきなし【心付き無し】形 A	言い訳すらせずにすましている夫のことを、こころづきなく思う。	❷ 気にくわない・不愉快だ
161 こころづくし【心尽くし】名 B	片想いしている相手のさまざまな行動に、こころづくしをしてしまう。	❶ いろいろと物思いをすること
162 こころにくし【心憎し】形 A	ちょっとした調度品も古風で落ち着きがあり、こころにくく感じられる。	❶ 奥ゆかしい・上品だ
163 こころもとなし【心許なし】形 A	自分のほうから使いをやれず、たいそうこころもとなく手紙を待ちわびる。	❸ 待ち遠しい・じれったい
164 こころばへ(エ)【心延へ】名 C	右大臣は御こころばへが素直な人でいらっしゃった。	❶ 心の様子
165 こころゆく【心行く】動 C	お花見をするならば、どこがこころゆく場所であろうか。	❷ 満足する

 ……p.82

	見出し語	例文	現代語訳
166	いたし【甚し・痛し】形 B	皆の前でとても恥ずかしい失敗をしてしまい、いたき目にあった。	③ 苦痛だ・つらい
167	いみじ 形 A	子どもが亀をいじめるのを見て、いみじきことだと思った。	③ ひどい
168	を(オ)かし 形 A	たいそうをかしき仔猫が、何匹も生まれた。	③ かわいらしい
169	あは(ワ)れなり 形動 A	夕焼けに染まった空をあはれに感じた。	① しみじみとした情趣がある
170	あさまし 形 A	あさましきほどに美しい姫を見て、私は言葉を失った。	① 驚きあきれる
171	めざまし【目覚まし】形 B	帝の寵愛(ちょうあい)を受ける女性を、ほかの女性たちはめざましく思った。	② 気にくわない
172	すごし【凄し】形 B	嵐が来てごうごうと音を立てて、すごき夜の様子である。	① 恐ろしい・ぞっとする

見出し語	例文	現代語訳
173 うるさし 形 B	❶ 彼に親切にしたばかりに、うるさきことまで頼まれるようになった。 ❸ 織姫の腕前に劣らないほど、裁縫にうるさくいらっしゃった。	❶ わずらわしい・やっかいだ ❸ 立派だ
174 はづかし【恥づかし】形 A	はづかしき人からほめてもらえたので、うれしかった。	❷ 立派だ
175 やさし【優し】形 A	越中守義将（えっちゅうのかみよしまさ）の普段のふるまいは、やさしく正直だと評判であった。	❸ 優美だ・優雅だ
176 ゆゆし 形 A	今年に入ってから身近な人の不幸が続き、ゆゆしく感じている。	❷ 不吉だ・忌（い）まわしい

第7節　古今異義語

p.90

	見出し語	例文	現代語訳
177	あく【飽く】動 A	好きな食べ物を、あくまで食べることができ、幸せだった。	❶ 満足する
178	おくる【後る・遅る】動 A	姫君は十歳ぐらいのときに、父上におくれなさった。	❶ 死におくれる・先立たれる
179	おどろく【驚く】動 A	寒く感じておどろくと、布団をはねのけてしまっていた。	❷ 目が覚める
180	かよふ（ウ）【通ふ】動 A	ある姫君に、こっそりかよふ者がいたのか、かわいい赤ちゃんが生まれた。	❸ 男性が女性のもとへ行く
181	ことわる【理る・断る】動 C	細かいことまでことわられても、私には理解できない。	❷ 説明する
182	しる【領る・治る・知る】動 A	あの貴族は、自分がしる土地のことを、隅から隅まで把握している。	❶ 治める・領有する
183	ときめく【時めく】動 B	後宮の中に、とりわけてときめく女がいた。	❷ 寵愛（ちょうあい）を受ける

見出し語	例文	現代語訳
184 にほふ（オウ）【匂ふ】動 A	中宮（ちゅうぐう）様の手がとてもにほひ、ほんのり赤い色ですばらしい。	❷ つややかに美しい
185 ののしる【罵る】動 A	ご飯を食べて、お酒を飲んで、ののしり合った。	❶ 大声で騒ぐ
186 のぼる【上る・登る・昇る】動 C	田舎から大嘗祭（だいじょうさい）を見にのぼる者がたくさんいる。	❶ 地方から都（京）に行く
187 まもる（まぼる）【守る】動 A	その人のあまりの美しさに、思わずまもり続けてしまった。	❶ 見つめる
188 みる【見る】動 A	私たちがみることになったのは、前世からの宿命かもしれない。	❺ 男女が深い仲になる・夫婦となる
189 むすぶ【掬ぶ】動 C	のどが渇いてたまらなかったので、小川の水をむすび、飲んだ。	❶（水などを）手ですくう
190 わたる【渡る】動 A	何年もの間、彼女に求婚しわたるも、よい返事をもらえなかった。	❹（「動＋わたる」の形で）ずっと～し続ける・一面に～する
191 わづらふ（（ロ）ウ）【煩ふ】動 C	気まずくて言いわづらふうちに、相手はいなくなってしまった。	❸（「動＋わづらふ」の形で）～しかねる・～できない

	見出し語	例文	現代語訳
192	あやし【奇し・怪し・賤し】形 A	あやしき着物を着ているので、人前に出られない。	❸ 見苦しい・粗末だ
193	いとほし(オ) 形 A	中納言(ちゅうなごん)が重病だと聞いて、大将殿はいとほしく思い、嘆きなさる。	❶ かわいそう・気の毒だ
194	うつくし【美し・愛し】形 A	小さな子どものうつくしき姿に、目を細める。	❶ かわいい
195	うるはし(ワ)【麗し・美し・愛し】形 A	うるはしき衣装で宮中に参上した。	❷ きちんとしている・端正だ
196	かたじけなし【辱し・忝し】形 C	帝から上位の人を飛び越えての昇進話があり、かたじけなく思う。	❶ 畏(おそ)れ多い
197	さうざうし(ソ・ゾ) 形 A	木の葉もすっかり散り、山里は、たいそう寒くさうざうし。	❶ なんとなく物足りない・さびしい
198	すさまじ【凄じ】形 A	楽しく語り合っていたところに水を差され、すさまじく思った。	❶ 興ざめだ・つまらない
199	つれなし 形 A	彼は他人から悪口を言われても、つれなき様子でいる。	❸ 平気だ

見出し語	例文	現代語訳
200 なつかし【懐かし】形 A	この土地には初めて来たが、とてもなつかしき風景だ。	❶ 心ひかれる・慕わしい
201 ひとわろし【人悪し】形 C	ちょっとした出来事で取り乱すのも、ひとわろきことだ。	❶ みっともない・体裁が悪い・外聞が悪い
202 むつかし【難し】形 A	用事が終わった後も長居され、むつかしく感じた。	❶ 不快である
203 あからさまなり 形動 A	あからさまに家を空けている間に、泥棒に入られた。	❶ ちょっと・ほんのしばらく
204 いたづらなり【徒らなり】形動 A	もてなす準備をしたが、中止になり、いたづらに終わってしまった。	❶ 無駄だ
205 あらまし 名 C	今年のあらましが全部はかなわずに終わってしまうのが残念だ。	❶ 計画・予定
206 いは(ワ)き【岩木・石木】名 C	私もいはきではないので、そんな話を聞くと涙が出る。	❷ 非情なもの・感情のないもののたとえ
207 おぼえ【覚え】名 B	万事においておぼえある、優秀な侍がいた。	❶ よい評判

No.	見出し語	例文	現代語訳
208	かげ【影】名 B	今夜は月のかげが明るく、帰り道も怖くない。	❶ 光
209	ここち【心地】名 C	よい薬をもらったおかげで、やがてここちが治った。	❸ 病気
210	すき【好き・数寄】名 B	和歌を詠み、音楽もたしなむ彼は、すきの度合いがはなはだしい。	❷ 芸道・風流なことにうちこむ心
211	て【手】名 B	女のてで書かれた和歌がある。	❶ 文字・筆跡
212	としごろ【年頃・年比・年来】名 A	としごろ修行をして、寺から出たことがない。	❶ 数年間・長年
213	ふるさと【古里・故郷】名 C	かつては栄えたふるさとだが、今は荒れ果てて人もまばらだ。	❶ 旧都
214	ものがたり【物語】名 C	夜遅くまでお酒を飲んで、ものがたりをする。	❶ 話すこと・話・世間話・雑談
215	よ【世】名 B	よを捨てて出家をしようと、こっそりと家を抜け出した。	❹ 俗世間・浮き世

	見出し語	例文	現代語訳
216	よのなか【世の中】名 A	すっかり愛がなくなり、むなしいよのなかを嘆きながら日々を暮らす。	❹ 男女の仲・夫婦仲
217	よろこび【喜び・悦び】名 C	珍しい品をもらったよろこびに、たくさんの着物を贈った。	❸ お礼
218	いつしか 副 A	「いつしか祭りの日になってほしい」と待ち望む。	❸ （「＋意志または願望」の形で）早く（～しよう・～してほしいなど）
219	おのづから【自ら】副 A	おのづから、ことのついでに都の様子を聞いた。	❷ 偶然・たまたま・まれに
220	さすがに 副 A	妻子への思いは捨てたはずなのに、さすがに心にかかる。	❶ そうはいってもやはり
221	せめて 副 B	嫌がっている人にせめて頼んで、代わりに行ってもらった。	❶ 無理に
222	なかなか【中中】副 A	夜だが灯りがあるので、なかなか昼よりはっきり見える。	❷ かえって・むしろ・なまじっか
223	やうやう（ヨ・ヨ）【漸う】副 A	帝の度を過ぎた寵愛（ちょうあい）ぶりが、やうやう人びとの悩みの種になっていく。	❶ だんだん・しだいに

	見出し語	例文	現代語訳
224	やがて 副 A	名前を聞くとやがて面影を思い出す。	❷ すぐに
225	わざと【態と】副 B	手紙ですむ用事なのに、わざと供の者を連れて訪問した。	❶ わざわざ
226	あは(ワ)れ 感動 C	家から出た彼は、思わず「あはれ、とても寒い」と叫んだ。	❶ ああ

第8節　古文特有語

⬇p.115

	見出し語	例文	現代語訳
227	かこつ【託つ】動 B	思いどおりにならなくてかこつことも少なくない。	❷ ぐちをこぼす
228	かしづく【傅く】動 A	右大臣は、ひとり娘をとてもかしづきなさっていた。	❶ 大切に育てる
229	こほつ(こぼつ)【毀つ】動 C	社(やしろ)をこぼち、木像を引っ張り出して大路(おおじ)にさらした。	❶ 壊す・崩す

	見出し語	例文	現代語訳
230	まねぶ【学ぶ】動 B	丹後(たんご)の天(あま)の橋立(はしだて)にまねびて、庭の池に橋をかけて小松を植えたりした。	❶ まねをする
231	ものす【物す】動 A	彼は文字を上手にものす。（＊ここでは「書く」の代用）	❷（様々な動詞の代用として用いる）
232	あぢきなし【味気無し】形 A	家を建てるためにお金を費やして気苦労をするのは、とてもあぢきなし。	❷ 無益だ・かいがない
233	あらまほし 形 A	主君も臣下も賢い世であるのがあらまほし。	❶ 理想的だ
234	いまめかし【今めかし】形 C	髪を短く切りそろえているのが、かえっていまめかしく見える。	❶ 現代風だ・当世風だ
235	うたてし 形 A	立派な人が無実の罪に問われたのは、うたてきことだと思う。	❶ 嘆かわしい
236	おどろおどろし 形 A	❶ 墓地のほうから、聞いたこともないおどろおどろしき声がした。 ❷ 女は「とてもうれしい」とおどろおどろしく泣く。	❶ 気味が悪い ❷ おおげさだ・仰々しい

	見出し語	例文	現代語訳
237	くちをし（オ）【口惜し】形 A	かわいがっていた雀の子に逃げられ、とてもくちをしく思っている。	❶ 残念だ
238	さがなし 形 A	弘徽殿女御（こきでんのにょうご）が、とてもさがなくて、桐壺更衣（きりつぼのこうい）をいじめた。	❶ 性質がよくない・意地が悪い・たちが悪い
239	ずちなし【術無し】形 C	中に入りたいのに、門番の目が厳しくてまったくずちなし。	❶ なすべき方法がない・どうしようもない
240	そこはかとなし 形 B	耳をすますとそこはかとなく、虫の声が聞こえた。	❶ どこということもない
241	まだし【未だし】形 B	まだしかる時間に訪問したので、相手にしてもらえず、出直した。	❶ まだ早い
242	やむ（ん）ごとなし【止む事無し】形 A	やんごとなく思う人が病気だと聞いて、とても気がかりだ。	❷ 格別だ・並々ではない
243	ゆかし【床し】形 A	成長していく様子をゆかしき少女だ。（＊ここでは「見ていたい」）	❶ 見たい・聞きたい・知りたい
244	らうがはし（ロウ ワ）【乱がはし】形 C	あまりにも人の往来が多くてらうがはし。	❷ 騒がしい・やかましい

番号	見出し語	例文	現代語訳
245	らうたし（ロウ） 形 A	目尻が少し下がっているのが、ますますらうたくいらっしゃる。	❶ かわいい・いとしい
246	あだなり【徒なり】 形動 A	このあだなる世で、むやみに悩みを増やす必要はない。	❷ はかない様子だ・かりそめだ
247	おいらかなり 形動 C	姫はゆっくりと話し、おいらかに笑いなさる。	❶ おっとりしている
248	きよらなり【清らなり】 形動 A	天人（てんにん）の装束（しょうぞく）がきよらなること、他に似るものもない。	❶ 美しい様子
249	すずろなり【漫ろなり】 形動 A	多少の自信があったとしても、すずろに自慢してはいけない。	❷ むやみやたらに
250	つれづれなり【徒然なり】 形動 A	訪ねてくる人もなく、つれづれなる日が多い。	❶ 退屈だ・手持ちぶさただ
251	をこなり（オ）【痴（烏滸・尾籠）なり】 形動 B	をこなる人にかかわって、惑わされるな。	❶ 愚かだ・ばかだ

見出し語	例文	現代語訳
252 せうそこ（ショウ）【消息】名 B	せうそこをたびたび差し上げたが、返事さえない。	❶ 頼り・手紙
253 ただびと【直人・徒人】名 C	彼は、ただびととして朝廷（ちょうてい）のために働こうと考えた。	❷ （天皇・皇族に対して）臣下
254 ちぎり【契り】名 B	妻と出会えたのは、どのようなちぎりがあったのだろうか。	❷ 因縁・男女や夫婦の縁
255 つとめて 名 A	冬のつとめてはとても寒く、起きたくないと思う。	❶ 早朝
256 ひがこと【僻事】名 A	人の言葉を自分勝手に解釈したせいで、ひがことが起こった。	❶ 間違い
257 ふみ【文・書】名 A	夫が他の女に届けるつもりのふみがあるのを見つけた。	❷ 手紙
258 いとど 副 A	散るからこそ、いとど桜はすばらしい。	❶ ますます・いっそう
259 かく（かう（コウ））【斯く】副 A	作業をする人たちに「かく造ってください」と伝える。	❶ こう・この・このように

	見出し語	例文	現代語訳
260	なでふ（(ン)ジョウ） ❶連体 ❷・❸副 B	❶なでふ理由があって、私の財産を取り上げようというのか。 ❸なでふ、他人の幸せを邪魔してよいものだろう。	❶〔疑問・反語〕何という・どんな（＋体言） ❸〔反語〕どうして～か、いや、～しない
261	さばれ 感動 B	和歌は得意ではないが、求められたので「さばれ」と思って詠んだ。	❶どうにでもなれ・ままよ
262	さればよ【然ればよ】連語 B	最近顔色が悪かった人が寝込んだと聞いて、「さればよ」と思った。	❶やっぱりだ・思ったとおりだ
263	～がり【～許】接尾 A	伝えたいことがあり、友人のがり手紙を送った。	❶～のもとへ
264	いざたまへ（エ）【いざ給へ】連語 C	近所の人を「いざたまへ」と誘い、お寺に参詣（さんけい）した。	❶さあ、いらっしゃい
265	いふ（ウ）もおろかなり【言ふもおろかなり】連語 A	子どもが外国へ行ってしまい、寂しいといふもおろかなり。	❶言っても言い尽くせない・言うまでもない
266	いへ（エ）ばさらなり【言へば更なり】連語 A	本居宣長（もとおりのりなが）が師匠の賀茂真淵（かものまぶち）を超えたことは、いへばさらなり。	❶今さら言うまでもない・もちろんのことだ

	見出し語	例文	現代語訳
267	かずならず【数ならず】連語 B	かずならぬ身の私が、このような寵(ちょう)愛(あい)を受けるのは畏れ多い。	❶とるに足りない・ものの数ではない
268	けしう(シュウ)はあらず【怪しう(異しう)はあらず】連語 C	その刀は、名匠の作ではないが、けしうはあらずと思われる。	❶悪くはない
269	さらぬわかれ【避らぬ別れ】連語 B	母とのさらぬわかれに、年甲斐もなく涙を流した。	❶死別
270	さるべきにやありけむ(ン)【然るべきにやありけむ】連語 A	あのとき偶然出会ったのも、さるべきにやありけむ。	❶当然そうなるはずの運命だったのであろうか
271	そでをぬらす【袖を濡らす】連語 A	夫が出家して出て行ってしまったので、妻はそでをぬらした。	❶泣く
272	なにおふ(ウ)【名に負ふ】連語 B	桜が見事だとなにおふ場所で、大勢で花見をした。	❷有名だ・評判だ
273	われかひとか【我か人か】連語 C	突然、敵勢から攻め込まれて、われかひとかと逃げまどう。	❶自他の区別がつかないほど正体を失っている様子・茫(ぼう)然(ぜん)自(じ)失(しつ)の状態・我を忘れて取り乱す様子

第9節 尊敬語

⇒p.141

	見出し語	例文	現代語訳
274	あそばす 動 B	殿は字をじょうずにあそばした。(＊ここでは「お書きになる」の意味)	❶なさる
275	おほ(オ)とのごもる【大殿籠る】動 A	親王(しんのう)はおほとのごもらないで、夜を明かしなさった。	❶お休みになる
276	ごらんず【御覧ず】動 C	姫は、病人をごらんじて、かわいそうに思いなさった。	❶ご覧になる
277	おはす(ワ) 動 A	普賢菩薩(ふげんぼさつ)が象に乗って、しずしずとおはして寺の前に立ちなさる。	❶いらっしゃる
278	たま(モ)ふ(ウ)【給ふ・賜ふ】〈四段〉動 A	●大臣(おとど)は彼を絶賛し、たくさんのほうびをたまふことにした。	❶お与えになる
279	たまはす(ワ)【賜はす】動 C	●帝は感動なさって、直垂(ひたたれ)をたまはせた。	

見出し語	例文	現代語訳
280 おぼす【思す】動 A	どれほど待ち遠しくおぼしているだろうか。	❶ お思いになる
281 おほす【仰す】動 A	●殿がおほすことを、一言一句聞きもらさなかった。	❶ おっしゃる
282 のたまふ【宣ふ】動 A	●久しぶりに会われて、数日間気がかりだったことなどをのたまふ。	
283 きこす【聞こす】動 B	その家に美しい娘がいるときこして、高貴な人がいらっしゃった。	❶ お聞きになる
284 しろしめす【知ろし召す】動 B	道長（みちなが）は、その年の五月十一日から世をしろしめした。	❶ お治めになる
285 めす【召す】動 B	中宮（ちゅうぐう）様が女官（にょかん）をめしたが、女官は体調不良で参上できなかった。	❶ お呼びになる

 ⇒p.144

見出し語	例文	現代語訳
286 うけたまはる（ワ）【承る】動 B	旅に出なさることは知っていたが、行き先はうけたまはらなかった。	❶ 伺う
287 まゐる（イ）（1）【参る】動 A	●右馬頭（うまのかみ）が、親王にお酒をまゐる。	❶ 差し上げる
288 たてまつる（1）【奉る】動 A	●責任を問われたが、領地を朝廷（ちょうてい）にたてまつることで許された。	
289 まゐらす（イ）【参らす】動 C	●珍しい食べ物が手に入ったので、姫君にまゐらせたいと思う。	
290 たまはる（ワ）【賜はる・給（は）る】動 B	よい歌を詠んだので、帝からおほめの言葉をたまはることができた。	❶ いただく
291 つかまつる【仕る】動 A	●親王（しんのう）のお供としてつかまつる。	❶ お仕えする
292 はべり（1）【侍り】動 B	●帝のおそばにはべるのを光栄に思う。	
293 さぶらふ（ロ）（ウ）（1）【候ふ】動 B	●殿の近くに誰もさぶらはないのは不用心だ。	

見出し語	例文	現代語訳
294 まうす（モウ）【申す】動 A	●この秘密だけは、ご主人様にもまうすことはできません。	
77 きこゆ(2)【聞こゆ】動 A	●光源氏の問いに、惟光（これみつ）は「そうでございます」ときこゆ。	❶ 申し上げる
295 きこえさす【聞こえさす】動 B	●殿にご報告するときは、ありのままにきこえさすのが一番だ。	
296 そうす【奏す】動 A	帝にお会いして、これまでの事情をそうした。	❶ 天皇に申し上げる
297 けいす【啓す】動 A	中宮（ちゅうぐう）様からお声をかけていただき、ごあいさつをけいした。	❶ 中宮・東宮（とうぐう）に申し上げる
287 まゐる（イ）(2)【参る】動 A	●親王からお呼びいただき、明日まゐることになった。	
298 まうづ（モウ）【詣づ・参づ】動 B	●大納言（だいなごん）が、親王のもとへまうでなさった。	❶ 参上する

見出し語	例文	現代語訳
299 まかる【罷る】動 A	●帝のもとからまかり、次に中宮様のところへ向かった。	❶ 退出する・おいとまする
300 まかづ【罷づ】動 B	●3日間お仕えしてからまかでた。	

第11節 謙譲語と尊敬語の2種類を持つ敬語

……⇒p.147

見出し語	例文	現代語訳
287 まゐ(イ)る(3)【参る】動 A 288 たてまつる(2)【奉る】動 A	❶ この馬は、大納言様にたてまつるためのものだ。 ❷ 宮中(きゅうちゅう)にもまゐることなく、引きこもっていた。 ❸ 束帯(そくたい)をたてまつる親王の姿はご立派だ。 ❹「その壺(つぼ)に入っている薬をたてまつれ」とお勧めした。	❶ 差し上げる《「与ふ」の謙譲語》 ❷ 参上する《「行く」「来」の謙譲語》 ❸ お召しになる《「着る」の尊敬語》 ❹ 召し上がる《「食ふ」「飲む」の尊敬語》

第12節　丁寧語と謙譲語の2種類を持つ敬語

……⇒p.149

	見出し語	例文	現代語訳
292	はべり(2)【侍り】動 B	❶「私に兄弟ははべらない」と姫君に申し上げた。	❶ あります・おります《「あり」「居り」の丁寧語》
293	さぶら(ロ)ふ(ウ)(2)【候ふ・侍ふ】動 B	❷ 女御(にょうご)や更衣(こうい)がたくさん帝にさぶらひなさる。	❷ お仕えする《「仕ふ」の謙譲語》

本文デザイン：熊アート
本文組版・本文イラスト：ユニバーサル・パブリシング株式会社

岡本　梨奈（おかもと　りな）
大阪府出身。リクルート運営のオンライン予備校「スタディサプリ」講師。同予備校にて古典（古文・漢文）のすべての講義を担当。自身が浪人時代に、それまで苦手だった古典を克服して得点源の科目に変えられたからこそ、苦手な人がどこでつまずきやすいかを熟知。その経験にもとづいたわかりやすい解説で、全国の受講生から感動・感謝の声続出。
大阪教育大学に進学し、教養学科芸術専攻音楽コース（ピアノ科）を卒業。中学・高校の音楽教員免許を取得するも、「学ぶ楽しさ」を最優先で考えた結果、3歳から始めたピアノではなく、受験期に自身が「楽しむ」経験を最も強く感じることができた古典の指導に進むことを決意。古文の猛勉強により新卒で予備校講師となり、20代から映像授業に多数出演。
著書に、『岡本梨奈の　1冊読むだけで古文の読み方＆解き方が面白いほど身につく本』『岡本梨奈の　1冊読むだけで古典文法の基本＆覚え方が面白いほど身につく本』『大学入試問題集　岡本梨奈の古文ポラリス［1　基礎レベル］／［2　標準レベル］／［3　発展レベル］』（以上、KADOKAWA）などがある。

岡本梨奈（おかもとりな）の　1冊（さつ）読むだけで
古文単語（こぶんたんご）＆古文常識（こぶんじょうしき）が面白（おもしろ）いほど身（み）につく本（ほん）

2021年５月14日　初版発行
2023年10月30日　４版発行

著者／岡本（おかもと） 梨奈（りな）

発行者／山下 直久

発行／株式会社KADOKAWA
〒102-8177　東京都千代田区富士見2-13-3
電話　0570-002-301（ナビダイヤル）

印刷所／株式会社加藤文明社印刷所

●お問い合わせ
https://www.kadokawa.co.jp/（「お問い合わせ」へお進みください）
※内容によっては、お答えできない場合があります。
※サポートは日本国内のみとさせていただきます。
※Japanese text only

定価はカバーに表示してあります。

ISBN 978-4-04-604803-5　C7081